아동복지론

박희숙 · 유주희 · 박은주

KNOWLEDGE COMMUNITY 공동체

머리말

최근 전 세계적으로 아동의 인권과 복지에 대한 관심이 높아지고 있지만 여전히 아동학대를 비롯한 아동빈곤, 학교폭력, 돌봄의 공백 등 아동의 건강한 삶을 위협하는 요소들이 많아지고 있는 현실이다. 저출산과 초고령화 사회를 맞이한 우리나라는 사회복지에 대한 투자를 늘리고 있지만 여전히 아동복지에 대한 투자는 열악한 수준이다. 이러한 현실을 개선하기 위해 아동의 성장과 발달 단계에 따라 통합적으로 지원되지 못하고 단편적인 사건 중심으로 제공되던 서비스의 한계를 보완하고자 2019년에 중앙아동보호전문기관, 지역아동센터중앙지원단, 중앙가정위탁지원센터, 디딤씨앗지원사업단, 중앙입양원, 아동자립지원단, 드림스타트사업지원단, 실종아동전문기관의 업무를 통합한 아동권리보장원이 출범하였다.

아동이 행복한 사회, 아동의 삶의 질을 향상시키는 사회를 만들기 위해서는 아동 당사자의 시선에서 제도를 설계하고 운영할 필요가 있다. 우리나라가 복지국가로 발돋움하기 위한 복지의 시작은 아동에서 비롯된다는 생각을 가지고, 급변하고 있는 한국사회의 아동복지 환경에 필요한 아동복지의 새로운 모습과 비전, 전문적인 실천의 기준을 알아보기 위해 이 책은 크게 아동복지의 이해, 아동복지의 실천으로 나누어 상세하게 다루었다.

이 책이 사회복지학, 아동학, 아동복지학, 유아교육학을 전공하는 학생뿐만 아니라 아동복지에 관심이 있는 사람들에게 유용한 교재가 되기를 바란다.

2024년 2월

저자 일동

차례

차례

차례

PART

01

아동복지의 이해

chapter

01 아동복지의 기초

1. 아동에 대한 이해

1) 아동의 개념

일반적으로 아동은 건전한 성인으로 성장하기 위해 안전한 환경에서 보호받고 적절한 교육이 필요한 존재로 여겨지고 있다.

법률에 따라 아동의 연령을 약간씩 다르게 정의하나 아동복지법상 아동은 18세 미만으로 정의하고 있다. 그러나 각 법률별로 청소년, 미성년, 소년, 연소자 등 여러 명칭으로 부르고 있어 연령 구분이 상이해 아동복지정책을 통합적으로 실시하는 데 어려움이 따르고 있다.

유엔(UN)에서 제정한 '아동권리협약'에 따르면, 아동은 '18세 미만의 모든 사람'으로 정의하며, 우리나라 아동복지법(제3조)에서는 '18세 미만인 사람'으로 규정되어 있다(김성경 · 김혜영 · 최현미, 2013). 미국의 전국사회사업가협회(NASW)가 간행한 『사회사업사전』에 따르면, 아동을 '자신에 대해 책임지는 법정연령이나 부모 간섭으로부터 벗어나는 법정연령보다 어린 사람'으로 정의하며, 미국의 '아동학대방지 · 치료법'에서도 아동은 18세에 이르지 못한 사람으로 정의한다(김호년 외, 2012).

이렇듯 아동에 대한 법적 정의는 국가마다 조금씩 다르나 일반적으로 18세 미만의 사람 또는 미성숙한 단계에 있는 사람으로 정의된다고 할 수 있다.

우리나라 법제도는 아동 관련 연령이 일정하지 않은데, 아동을 의미하는 용어와 연령은 다음과 같다.

〈표 1-1〉 우리나라 법률상 아동의 연령 구분

아동 관련 법률	용 어	연령 구분
영유아보육법	영유아	6세 미만의 취학 전 아동
유아교육법	유아	만 3세부터 취학 전까지의 어린이
아동복지법	아동	18세 미만의 자
청소년기본법	청소년	9세 이상 24세 이하의 자
청소년보호법	청소년	19세 미만의 자
청소년복지 지원법	청소년	9세 이상 24세 이하의 자
소년법	소년	19세 미만의 자
민 법	미성년자	19세 미만의 자
형 법	형사미성년자	14세 미만의 자
근로기준법	연소자	18세 미만의 자
국민기초생활 보장법	아동	18세 미만의 자
한부모가족지원법	아동	18세 미만의 자 (단, 취학 중인 경우 22세 미만)
입양특례법	아동	18세 미만의 자
실종아동 등의 보호 및 지원에 관한 법률	실종아동	실종 당시 18세 미만
도로교통법	어린이	13세 미만의 자
	영유아	6세 미만의 자

2) 아동기

아동기(childhood)는 넓은 뜻으로는 출생에서 청년기에 들어가기 직전까지, 즉 12~13세경까지를 말한다. 육체적으로도 정신적으로도 성장·발육하고 있는 시기의 인간을 총칭해서 어린이 혹은 소아라고 하며, 이 시기를 일반적으로 '인간 생활주기의 초기단계'라고 말한다. 또한 아동기를 초기·중기·말기 아동기로도 구분하는 경우가 있는데, 초기 아동기는 유아기 이후부터 약 6세까지를 가리키며, 중기·말기 아동기는 6세부터 청소년기까지를 가리킨다.

아동기에 대한 이해는 시대에 따라 변하고 사회·문화적 맥락과 역사적 맥락에 따라 차이가 있다.

고대, 중세에는 아동기를 생애의 중요한 시기로 간주하지 않았다. 이 시대에는 아동이 5~7세가 지나야 성인의 세계로 들어갈 수 있다고 인식하였다. 아동은 권리도 없고 사회의 구성원으로 간주하지 않았으며, 아동을 소지품으로 취급하며 학대하였다.

17세기 말이 되어서야 아동을 보는 관점이 변하기 시작하여 성인세계에 들어가기 전 사회적 분리가 되는 특별한 시기로 보기 시작하였다.

20세기에 들어와서 아동 중심의 사회가 나타나기 시작하였다. 부모는 아동기의 중요성을 인식하고 자식의 미래에 희망을 걸며 아동의 요구를 충족시키기 위한 노력을 기울이고 아동의 안락과 건강을 배려하고 보호하였다. 이것을 근대적 아동기 이념의 출현으로 보며, 아동기 역사학자들은 아동기의 발명(invention of childhood) 내지는 아동기의 발견(discovery of childhood)으로 표현하였다. 아동을 보는 시각의 변화를 중세 사회에서는 아동을 성인과 구분할 만한 아동기에 대한 특별한 생각이나 인식이 존재하지 않았으며, 산업화에 따른 가족구조의 변화로 점차 아동기는 인간의 생애에 있어 특별한 단계로 인식되었다. 또한 15세기에 부르주아 계층에서 아동기의 개념이 나타나기 시작하였으며, 상류층부터 아동은 곧 성인이라는 인식이 바뀌면서 점차 성인의 보호가 필요하다는 의식이 생겨났다. 그리고 핵가족의 발달과 학교교육제도는 획기적으로 아동을 성인 사회로부터 분리시켜 특별한 독립적인 단계로 인식하도록 하였으며, 이러한 아동기의 발견은 가정이 노동 공간에서 분리되어 산업화의 발달에 따라 부를 축적할 수 있기 때문에 가족의 경제기능이 향상되어 여성이 집에서 아동을 양육하는 것에 집중할 수 있게 되었다고 받아들여졌다(김호년 외, 2012).

이러한 아동기의 의미는 아동이 성인과 질적으로 다르므로, 학교와 가정에서 성인과 다르게 다루어져야 할 필요성을 제기하는 것이다. 따라서 아동기는 사회문화적 맥락에서 시대적 변화에 따라 포괄적으로 이해되어야 한다.

2. 아동복지의 개념 및 의의

1) 아동복지의 개념

아동복지란 '아동'과 '복지'의 합성어로, 모든 아동이 건강하게 출생하여 행복하고 건강하게 자라나도록 그 생활과 환경을 갖추어 주는 일을 말한다. 아동에게 혜택을 주기 위한 사회복지 프로그램을 통해 아동복지서비스를 제공해 주는 사회사업을 의미하며, 그 대상으로서 아동에게 초점을 맞춘다는 데서 출발하였다.

일부 학자나 기관에서 제시하는 아동복지의 개념에 대한 정의는 상이하게 나타나는데, 이를 살펴보면 다음과 같다.

- 미국의 전국사회사업가협회에서 간행한 사전에서의 아동복지(child welfare)는 아동을 보호하고 보살피며, 아동이 건전하게 발달하는 것을 추구하는 프로그램과 정책이라고 정의하고 있다.

- 레어드와 하트만(Laird & Hartman)은 모든 아동의 복지를 나타내는 것은 영어 소문자를 사용하여 child welfare로 표현하였으며, 아동·가족과 관련된 기관이나 아동·가족에게 제공하는 서비스를 나타내는 것은 영어 대문자를 사용하여 Child Welfare로 표현하였다.
- 코헨(Cohen)은 아동복지를 모든 아동과 그 가족에게 원칙적으로 관심을 가지는 사회복지서비스 분야라고 보았으며, 이런 아동복지는 아동과 그 가족에게 적어도 최저수준의 생활을 누릴 수 있는 기회를 제공하고자 하는 정책, 프로그램, 인적 서비스로 구성되어 있다고 정의하였다.
- 프리들랜더와 앱트(Friedlander & Apte, 1980)는 아동복지란 단지 "빈곤, 방치, 유기, 질병, 장애 등을 지닌 아동 혹은 환경에 적응하지 못하는 부적응 아동에만 관심을 두는 것이 아니라 모든 아동이 신체적·지적·정서적 발달에 있어서 안전하고 행복할 수 있도록 위험으로부터 보호하기 위하여 공적·사적 기관에서 실시하는 사회적·경제적·보건적인 모든 활동을 포함한다"라고 정의하였다.
- 카두신(Kadushin, 1974)은 아동복지를 "부모가 자녀 양육의 책임을 완수하지 못하거나 지역사회가 아동과 가족이 필요로 하는 보호와 자원을 제공하지 못하는 경우 아동에게 제공하는 서비스"라고 규정하였다. 따라서 아동복지는 가정과 부모의 양육기능을 지지·보충·대리하며, 학대·방임의 경우에는 강제보호(protective services)를 통해서라도 "모든 아동의 행복과 사회적응을 위해 심리적·사회적 및 타고난 잠재능력을 길러주는 각종의 활동"이 바로 아동복지라고 정의하였다.
- 코스틴(Costin)은 "가족생활을 강화하기 위한 사회복지의 한 분야로서 아동과 그 가정의 안녕을 위한 것"이라고 정의하여 카두신(Kadushin)과 함께 아동복지를 넓은 의미에서 정의하였다(주수길·주명주, 2012).
- 장인협과 오정수(2001)는 "아동의 기본적인 욕구를 충족시키고 건전한 성장과 발달을 도모하기 위해 여러 가지 활동을 가능하게 하는 공식적인 방법과 절차"라고 정의하였다.

• 브리태니커 백과사전에서는 아동복지를 "아동의 신체적 복리, 사회적 복리, 심리적 복리에 관심을 가지는 서비스와 제도"라고 정의하였다.
• 우리나라의 아동복지법에서는 아동복지를 "아동이 행복한 삶을 누릴 수 있는 기본적인 여건을 조성하고 조화롭게 성장·발달할 수 있도록 하기 위한 경제적·사회적·정서적 지원"이라고 규정하고 있다.
• 보건복지가족부(2011)는 아동복지를 "사회의 특별한 보호가 필요한 아동을 포함한 모든 아동이 가족 및 사회의 일원으로서 육체적·정신적으로 건전하게 성장·발달할 수 있도록 보호·지원하여 그들의 건전한 육성을 도모하는 것"으로 정의하였다.

오늘날에는 대부분 넓은 의미의 정의를 취하고 있으며, 위의 개념들을 종합하여 정리하면, 아동복지란 특별한 문제나 욕구가 있는 아동은 물론 모든 아동이 가족 및 사회의 일원으로 건강하고 건전하게 성장할 수 있도록 개인, 민간, 국가가 서로 협력하는 일련의 모든 복지적 활동이라고 정의할 수 있다.

2) 아동복지의 의의

아동복지는 다음과 같이 아동 개인적 관점에서뿐만 아니라 가족이나 사회적 관점에서도 그 의의를 찾을 수 있다.

(1) 개인적 관점

아동복지의 1차적 의의는 아동 개개인의 생존을 보장하고 나아가 아동의 신체, 인지, 그리고 사회정서 발달을 촉진시킨다는 점이다. 다른 동물에 비해 유난히 의존 기간이 긴 인간의 경우 양육자의 도움이 없이는 생존 자체가 불가능하며, 생존한다 하더라도 발달의 여러 영역에서 결손을 보이게 된다. 현대 사회에서 아동복지는 단순히 아동의 생존을 넘어서 권리의 문제를 보다 강조하는 방향으로 나아가고 있다. 부모나 가족으로부터 적절한 양육을 받지 못하는 아동의 건강한 발달을 보장하기 위해 정부나 지역사회 차원에서 주어지는 정서적 지원은 물질적 지원 못지않게 아동복지의 중요한 영역으로 부각되고 있다.

(2) 가족적 관점

가족의 중요한 기능 가운데 하나가 자녀의 사회화 기능이며, 부모는 누구보다도 자녀의 신체 · 인지 · 사회정서 발달에 큰 영향을 미치게 된다. 현대사회에서 자녀양육의 상당 부분이 사회로 이전되고 있으나, 아직까지 부모는 자녀의 발달에 가장 큰 영향을 미치는 중요한 존재이다. 그러나 부모역할은 많은 시간과 에너지를 요구하며, 다른 역할과 마찬가지로 항상 즐거울 수만은 없는 역할이다. 많은 부모들이 이러한 문제로 고통을 받고 있으며, 이는 한부모가족이나 빈곤가족에서 특히 심각하다.

최근 취업여성의 비율이 급격하게 증가함에 따라 많은 여성들은 직업과 자녀양육이라는 이중역할의 문제에 직면하게 되었다. 여성들은 자녀양육에 소홀하게 되는 문제, 이를 즐겁게 받아들이지 못하는 문제로 인해 상당히 큰 죄책감을 가지고 있다.

이러한 관점에서 볼 때 부모나 가족을 지원함으로써 아동을 간접적으로 지원하는 것은 효과적인 복지의 방법이며, 실제로 많은 나라들에서 부모나 가족을 지원함으로써 아동을 지원하는 방법을 아동복지 활동의 중요한 내용으로 포함시키고 있다.

(3) 사회적 관점

아동기는 이후 발달의 기초가 된다는 점에서 아동을 대상으로 한 복지활동은 사회문제를 미연에 방지함으로써 그 비용을 절감할 수 있는 미래를 위한 투자라고 볼 수 있다. 최근 사회적인 이슈로 대두되고 있는 저출생률 문제의 주요한 원인은 어린이집과 같은 아동복지시설의 부족과도 연관이 있다.

저소득층 자녀를 대상으로 하는 보상교육의 일환으로 실시되었던 미국의 헤드스타트(Head Start) 프로그램은 저소득층에서 나타나는 빈곤의 악순환을 예방할 수 있는 효율적인 아동복지의 한 가지 방법이라고 볼 수 있다. 또한 우리나라에서 실시하고 있는 드림스타트(Dream Start) 사업도 이와 유사한 맥락에서 이해할 수 있다.

3. 아동복지의 특성과 원칙

1) 아동복지의 특성

(1) 예방성과 비용효과성

아동복지는 사회문화적 문제를 예방하는 특성을 지닌다. 문제아동에게 아동복지 프로그램을 조기에 제공할 경우 아동이 더 이상 악화되지 않을 수 있고 비교적 쉽게 사회적·문화적으로 잘 발달할 수 있게 된다. 아동은 이러한 프로그램에 힘입어 학교에 더 잘 적응하고 사회문화적 환경에 더 잘 적응할 수 있으므로, 조기에 개입하는 사회복지 프로그램은 현재 발생한 문제를 해결할 뿐만 아니라 아동에게 발생할 수 있는 문제를 예방하는 기능을 한다. 아동복지가 예방적 특성을 지니기 때문에 비용 측면에서 유리한 특성을 지니고 있어 문제아동을 방치하여 차후에 발생할 수 있는 사회적 비용을 효과적으로 절감하는 비용효과성이 있다(김호년 외, 2012).

아동에게 사회적응, 인성교육, 학업성취 등 조기 개입 시 투입되는 인적·물적 자원과 비용은 향후에 발생할 수 있는 사회적 비용을 절감하게 해주는 효과가 있다. 이러한 조기개입 프로그램은 주변 환경이 열악한 아동에게 특히 필요하다.

(2) 생산성

아동복지는 생산적인 특성을 지닌다. 생산성이 큰 사회가 되려면 교육을 잘 받은 건강하고 역동적인 아동이 필요하다. 아동에게 투자할 경우 아동이 나중에 성인이 되었을 때 경제적으로 생산성이 커지기 때문이다. 아동복지 프로그램은 아동을 건강하게 하며, 건전한 사회 구성원으로 성장하도록 지원하기 때문에 아동복지는 향후 생산성이 큰 사회로 만들어 주는 역할을 한다. 그러므로 사회가 미래에도 지속적으로 생기 있게 움직이기 위해서는 아동에게 투자해야 한다.

영국 정부가 2000년에 발간한 복지국가 관련 보고서에서는 미래의 정책 방안으로 일곱 가지를 제시하였는데, 그중 하나가 '아동을 지원하여야 한다'이다. 영국의 성공 여부는 영국의 모든 아동이 자기 생애를 어떻게 가장 잘 시작하느냐에 달려있기 때문이다.

영국의 블레어(Blair) 전 총리는 어느 중요한 연설에서 '일할 수 있는 사람에게는 일자리를 제공하고 일할 수 없는 사람에게는 사회보장을 제공하는 방식'으로 복지제도를 개혁할 것을 주장하였다. 그런데 이 연설에서 핵심적인 주제는 아동에게 투자하는 것이 중요하다는 점이었다.

대한민국 어린이헌장에 따르면 아동은 우리의 내일이며 소망이다. 나라의 앞날을 짊어지고 세계인으로 자라야 할 중요한 자원이다. 그러므로 아동복지는 미래 사회의 생산성을 키우는 데 토대가 된다.

2) 아동복지의 원칙

아동은 성장하면서 해결해야 할 과업과 특별한 욕구를 가지고 있기 때문에 건전한 성장과 발달을 도모하기 위해 아동복지정책과 서비스를 추구하는 데는 기본적으로 고려해야 할 원칙이 있다. 따라서 아동의 건전한 성장과 발달을 위해서는 다양한 대책과 프로그램 서비스가 요구되며, 구체적으로 권리와 책임의 원칙, 보편성과 선별성의 원칙, 개발성의 원칙, 포괄성의 원칙, 전문성의 원칙, 예방성과 치료성의 원칙을 들 수 있다.

(1) 권리와 책임의 원칙

아동을 위한 원칙적인 복지정책과 서비스 제공을 위하여 아동, 부모 및 사회 간의 권리와 책임 확립이 필연적이다. 이들 세 가지 측면이 권리와 책임의 균형을 이루는 것이 중요하다고 할 수 있다. 어느 한 부분의 권리 상실이나 부적응이 유발되면 아동복지서비스의 문제점을 야기할 수 있기 때문이다. 그러므로 아동은 사회와 성인의 기대에 부응해야 하며, 그들에게 부과되는 의무를 받아들여야 하고, 자발적인 사회활동과 자신의 발전에 적극적인 참여로서 책임 있는 태도를 키워가야 한다.

한편 부모는 자녀에게 ① 재정적 지원, ② 신체적 보호에 대비하는 일, ③ 정서적 교양 보호, ④ 기타 광범위한 부모의 책임과 권리를 감당할 수 있어야 한다. 그리고 부모가 부모로서 역할을 제대로 감당할 수 없을 때 아동의 권리와 부모의 권리는 상호 갈등을 갖게 된다. 따라서 국가와 사회는 사회생활의 질서를 유지하고, 아동의 복지를 증진시키기 위한 책임을 다하기 위하여 부모와 아동에 대하여 개입할 수 있다. 이는 아동복지 대책이 효과성과 효율성을 가질 수 있음을 의미한다.

(2) 보편성과 선별성의 원칙

아동복지사업에서 보편성과 선별성은 아동보호와 육성을 도모하기 위해 동시에 적용될 수 있다. 보편성의 원칙은 모든 아동을 위해 적용되며, 선별성의 원칙은 아동에 대한 복지를 추구하는 데 특수한 욕구나 문제를 가진 아동에게 적용된다.

보편주의는 전체 아동을 대상으로 급여나 서비스를 제공하는 것으로 영국의 아동수당(Child Benefit), 국민보건서비스(National Health Service), 기타 여러 국가에서 실시하고 있는 가족수당, 무상의무교육 등을 들 수 있다. 보편주의에 의한 제도는 대체로 일반조세에 의해 재정이 충당된다. 이러한 재정방법은 누진적 조세 구조를 통해 이루어지는 경우 소득계층 간의 소득재분배 효과가 나타난다.

선별성의 원칙은 아동의 복지를 실천하는 데 조건이나 기준을 정하고, 이에 따라 아동복지의 대상과 사업을 제한하는 원칙을 말한다. 선별성의 원칙에 의한 급여와 서비스는 일시적 · 보충적 · 잔여적 성격이 강하다. '일시적'이란 정책이나 서비스가 항구적으로 시행되지 않고 특별히 선별된 아동에게 한시적으로 서비스가 제공되는 것이고, '보충적'이란 아동이 필요로 하는 모든 것에 서비스를 제공하는 것이 아니라 부족한 부분에 대하여 서비스를 제공하는 것이다. '잔여적'이란 가족과 같은 아동의 복지를 담당하는 정상적인 기구가 제 기능을 못할 때 비로소 사회복지가 개입하여 활동하는 것을 말한다.

(3) 개발성의 원칙

개발성의 원칙이란 아동이 가진 미래 인적자원적 능력을 최대한 발휘할 수 있도록 하는 것이다. 모든 아동이 이 원칙을 적용받지만, 특히 발달상의 편차가 심한 장애아동이나 우수한 아동, 양육 환경이 결여된 곳에서 자라는 시설아동이나 빈곤가정 아동이 개발성 원칙의 주 대상이 된다. 이러한 개발적 기능의 원칙은 많은 사회문제들이 사회구조나 사회경제적 변천과정에서 일어난다는 인식에서 연유되고 있다. 따라서 보다 적극적으로 전체적 또는 다양한 접근을 통하여 사회문제를 야기하는 사회구조나 조건에 바람직한 변화를 초래하여 국가의 발전을 촉진함으로써 아동에게 국가발전에 능동적으로 참여와 자립, 사회적 기여를 창출할 수 있는 기회를 제공하는 것이다(표갑수, 2000).

오늘날 아동문제가 발생되는 현실은 예방대책의 부재와 경제발전과정에서 야기되는 제 문제에 대한 적극적인 개발기능의 결여 때문이다. 따라서 앞으로는 아동을 위해 보다 적극적이고 예방적이며 의도적으로 변화를 가져올 수 있는 개발기능이 수행되어야 한다.

(4) 포괄성의 원칙

포괄성의 원칙은 아동복지를 실천하는 데 있어서 아동의 삶에 관련된 모든 것이 포함되도록 하는 것이다.

아동이 전인적으로 성장하기 위해서는 삶의 모든 측면에서 지원되어야 하고, 아동이 균형 있는 발달을 하고 건전한 사회 구성원으로 성장하기 위해서는 아동복지의 기본 전제가 되는 제 요소, 즉 건강한 가정생활, 경제적 안정, 교육, 보건, 노동, 오락 및 특수보호 등에 대한 프로그램이나 서비스가 어느 하나도 제외되거나 소홀함이 없이 포괄적으로 제공되어야 한다. 이를 위해서 예방조치와 함께 아동문제를 조기에 확인하고 진단하고 치료할 수 있는 아동복지 실천체계의 구축이 요구된다는 것을 의미한다.

(5) 전문성의 원칙

현대 사회에서 전문성의 원칙은 아동복지의 성과를 좌우하는 중요한 원칙으로, 아동에게 나타나는 여러 가지 복잡한 문제를 잘 풀어가기 위해서는 전문적인 기술을 가지고 접근해야 한다.

특히 최근의 심각한 사회문제는 매우 다양한 문제들이 복잡하게 얽혀있는 만큼, 아동복지를 실천하는 데 있어 전문인력의 양성과 배치는 치료적 아동복지에서는 필수요건이 되고 있다. 따라서 아동복지 전문인력이 전문기관에 배치되어 아동의 문제를 전문지식과 기술에 근거하여 사정하고 개입하여 문제를 올바르게 적합한 방법으로 해결할 수 있도록 하여야 한다.

(6) 예방성과 치료성의 원칙

예방성과 치료성의 원칙은 아동이 문제를 일으키기 전에 미리 예방하는 것으로, 아동기에 당한 상처는 일생에 영향을 미치기 때문에 가능한 한 문제가 발생하지 않도록 하는 것이 중요하다. 예방성의 원칙은 아동이 문제를 당하지 않도록 미리 예방적 차원에서 복지서비스를 제공하는 것이다.

아동에게 문제가 발생되지 않는 것이 최선이나 부득이한 문제가 발생하였다면 이를 해결해야 하는데, 치료의 원칙은 일단 확인된 문제의 해결이 가능하다고 하는 전제하에서 출발하고 있다. 문제의 치료는 문제의 발견이 중요하며 조기발견은 치료의 성과가 좋을 뿐만 아니라 쉽게 치료할 수 있다.

4. 아동복지의 기본 요소

1) 안정된 가정생활

안정된 가정과 바람직한 부모의 역할이 수행되는 환경은 아동의 발달을 촉진할 수 있는 중요한 요인이 된다. 장인협과 오정수(2001)는 아동복지의 기본 전제 중의 하나로 안정된 가정생활을 들고 있다.

가정은 각 개인에게 생활의 근거지가 되고 한 사회를 구성하는 최소의 기본 단위로, 가정을 통해서 삶에 필요한 기초적인 행동양식, 의사소통, 상호 협력기술 등을 습득하고 사회의 구성원으로서 적합한 인격을 형성해 간다. 또한 각 개인에게 생활의 근거지가 되고 가족 구성원 간 사랑과 존중을 통해 정서적 욕구를 충족할 수 있다.

현대의 가정은 구성원의 수가 적고 부모는 경제활동에 바쁘고 각자 자신의 개인적인 활동이 많아 가족 간에 대화할 시간이 부족하여 가족 간에 유대관계가 느슨해지는 경향이 있다. 그로 인해 가족 간에 제일 중요한 사랑이 부족하여 아동에게 악영향을 미치게 된다.

가정이 건전하지 못하면 가정의 1차적 기능인 자녀부양의 기능, 사회화의 기능을 발휘할 수 없으며, 2차적 기능인 경제적 생산기능, 보호의 기능, 오락의 기능, 휴식의 기능 등을 수행할 수 없을 뿐만 아니라, 가정폭력, 자녀와 부모의 관계단절, 비행아동, 이혼 등으로 가정의 기능이 붕괴될 수 있다.

따라서 안정된 가정생활은 아동에게 성장과 교육, 정서적 유대감을 주기 때문에 매우 중요하다.

2) 적절한 가족의 수입과 주거

가정의 중요한 기능 중의 하나는 경제활동이다. 경제적 안정은 아동복지의 기본 조건으로 손꼽는다(김성경 · 김혜영 · 최현미, 2013; 장인협 · 오정수, 2001). 가정의 경제적 안정 여부는 아동이 건강하게 자랄 수 있는 기초적인 기반이 되기 때문에 안정된 가정생활을 위해서는 지속적인 수입이 있어야 하며, 가족이 편안하게 쉬고 머물 수 있는 주거공간이 있어야 한다.

경제적 불안정은 아동에게 충분한 영양을 섭취할 수 없게 하며, 안락한 주거공간과 따뜻한 의복을 입을 수 없는 등 아동의 기본적 욕구를 충족시키지 못한다. 성장이 왕성한 유아기에 충분한 영양을 공급받지 못하면 정상적인 발달의 가능성이 제한된다. 더욱이 경제적인 불안정은 그것에 그치지 않고 가정불화의 원인이 되어 잦은 부부싸움과 이혼, 가정폭력 등으로 발전되어 아동에게 더욱 피해를 주게 된다.

3) 영양과 보건

영양과 보건은 인간의 생존과 관련된 부분으로 정신적 · 신체적 건강과 영양 등이 포함된다. 아동이 생명을 유지하고 성장을 계속하기 위해서는 필요한 영양이 지속적으로 공급되어야 하며, 아동은 자신에게 필요한 영양을 스스로 음식을 섭취하여 공급하는 능력이 부족하므로 부모의 도움이 절대적으로 필요하다. 아동기의 성장은 인생의 다른 어떤 시기보다도 왕성하며 모든 발달의 결정적 시기이기 때문에 균형 있는 영양의 섭취는 매우 중요하다. 아동이 충분한 영양을 공급받지 못하면 신체적 성장뿐 아니라 정서적 · 심리적 성장 · 발달에도 심각한 영향을 준다. 즉, 유아기의 영양실조는 뇌의 크기나 구성에 치명적인 손상을 가져오며 중추신경체계의 발달을 방해한다(Decker & Decker, 1992).

아동의 건강을 위해서는 모성의 보호가 절대적이며 어머니가 임신과 출산, 수유의 불편함이나 부당한 노동과 유해한 환경으로부터 보호되어야 건강한 아동을 출산하고 건강하게 양육할 수 있다. 모성의 건강을 보호 및 증진하여 건강한 자녀를 출산하고 태어난 아동을 건강하게 양육하는 것은 아동을 위한 복지 차원을 넘어 사회의 안녕과 국민보건이라는 큰 과제를 해결하는 것이다.

우리나라의 경우 아동의 건강과 관련한 법률은 아동복지법과 모자보건법이 있다. 여기에는 아동복지의 기반이 아동의 보건에 기초하며 아동의 건강 또한 어머니의 건강과 밀접한 관련이 있다고 명시하고 있다.

- 아동복지법에서는 아동이 건강하게 출생하여 안전하게 자라나도록 그 복지를 보장함을 목적으로 함을 명시하여 아동의 건강권과 아동복지에 관한 국가의 보장의무를 분명히 하고 있다.
- 모자보건법에서는 모성의 생명과 건강을 보호하고 건전한 자녀의 출산과 양육을 도모함으로써 국민보건 향상에 이바지함을 목적으로 함을 명시하여 임산부의 건강권과 국가의 보호를 강조하고 있다.

4) 교육기회

인간이 가지는 기본 권리 중 하나가 교육받을 권리이다. 헌법 제31조에는 교육을 받을 권리를 기본적인 인권으로 규정하고 있다. 모든 국민은 균등하게 교육을 받을 권리가 있다. 교육을 받을 권리에는 아동이 교육을 받는 것을 방해받지 아니할 뿐만 아니라 교육을 받을 수 있도록 국가가 적극적으로 배려해 줄 것을 요구할 수 있는 권리가 포함되어 있다. 의무교육을 받을 권리를 비롯하여 정치나 종교로부터 중립적인 교육을 받을 권리, 적절한 교육환경에서 교육을 받을 권리 등이 포함된다. 교육을 받을 권리는 교육을 단순히 학습권으로 인식하는 것이 아니라 인간적 성장·발달권으로 보며, 인간으로서의 존엄과 가치를 실현하는 직접적인 기본권이다. 이러한 기본권은 아동이 인간다운 생활을 할 권리의 가장 기본적이고 당연한 것이다.

아동은 교육을 통하여 개인의 잠재적 능력을 계발시킴으로써 인간다운 문화생활과 직업생활을 할 수 있는 기초를 마련하고 사회 구성원으로서 살아갈 수 있는 여러 가지 기술과 기능 등을 학습할 수 있다. 또한 합리적이고 계속적인 교육을 통해 민주시민의 윤리적 생활을 어렸을 때부터 형성할 수 있으며, 나아가서 능력에 따른 균등한 교육을 통해 직업생활과 경제생활의 영역에서 실질적인 평등한 삶을 누릴 수 있다.

5) 노동으로부터 보호

우리나라의 근로기준법에서는 15세 미만인 자(초·중등교육법에 따른 중학교 재학 중인 18세 미만인 자 포함)는 근로자로 고용하지 못하며, 18세 미만인 자는 도덕상 또는 보건상 유해한 환경 또는 위험한 사업에 고용하지 못한다고 규정되어 있다. 모든 아동이 연소 근로와 유해근로에서 보호되어야 함은 아동복지의 기본 전제이다. 아동기에 근로에 동원되면 신체의 발달을 저해하여 건강을 위태롭게 할 뿐만 아니라 지능발달과 인격발달에도 나쁜 영향을 미치게 된다. 아동은 충분한 놀이로 즐거운 생활을 해야 하는데 근로로 인하여 신체적·정신적 고통을 받는다면 아동다움의 상실과 행복한 삶을 잃게 되는 것이다. 따라서 아동에게 있어 노동은 신체적 발달을 저해하고 아동의 건강을 위태롭게 만들며, 인지·정서적 발달에 문제를 초래하고, 아동의 인성적 발달에도 부정적 영향을 미치게 된다. 따라서 아동은 사회규정상 아직도 성장·발달하고 보호받아야 하는 미성숙한 존재이기 때문에 노동으로부터 보호를 받아야 한다.

국제노동기구(ILO)에서는 아동노동을 근절하기 위해 2002년에 6월 12일을 '세계아동노동 반대의 날'로 제정하였다. 아동노동을 "아이들의 어린 시절, 잠재력, 존엄성을 빼앗는 신체적·정신적 발달에 해가 되는 작업"으로 정의하였고, 아동노동에 노예제, 매춘, 마약밀매, 무력분쟁 등을 포함하였다. 또한 2021년에는 '아동노동 철폐의 해'를 선언하였다.

아동노동을 근절하기 위한 세계행진

Global March Against Child Labour(아동노동에 반대하는 세계행진, 이하 글로벌마치)는 아동을 강제 노동에서 벗어나게 하고 싶은 전 세계 사람들의 열망과 노동근절의 필요성과 희망으로 탄생한 운동조직이다.

글로벌마치는 아동의 노동을 반대하는 메시지를 전달하기 위해 전 세계 수천 명의 사람들이 함께 행진을 하면서 시작되었다. 1998년 1월 17일에 시작된 이 행진은 세계를 감동시켰고, 사람들로 하여금 큰 깨우침을 끌어냈으며 대중으로부터 매우 높은 참여를 이끌어냈다. 이 행진은 그 당시 제네바에서 열린 국제노동기구 회의에서 최고조에 이르렀다. 이 행진에 참여한 사람들의 목소리는 최악의 노동형태에 반대하는 국제노동협약의 초안에 반영되었다.

출처 : ohmyNews(2002. 5. 28). 월드컵에 가려진 '아동노동자'의 눈물.

6) 여가와 오락 활동

아동에게 여가와 오락 활동은 즐거운 활동으로 놀이 그 자체가 목적이 되기도 하고, 자신이 에너지를 방출하고 감정을 자연스럽게 표현하는 도구가 되기도 한다. 또한 아동의 신체·인지·언어·사회성 발달과 같은 아동의 전반적인 발달을 촉진하고, 환경에 적응할 수 있는 새로운 기술을 습득하는 데 도움이 되며, 자신이 속해 있는 환경(사물과 사람)을 탐색하여 환경을 이해하고 사회 구성원으로서의 다양한 역할을 연습하는 기회가 되기도 한다. 이처럼 놀이는 아동의 모든 발달에 중요한 영향을 미치며 연령이 어릴수록 생활의 전부가 된다.

아동의 여가, 오락 활동 및 문화활동에 대한 권리가 'UN 아동권리에 관한 국제협약' 제31조에 명시되어 있다. 아동이 휴식과 여가를 즐기고 자신의 연령에 적합한 놀이와 오락 활동에 참여하며, 문화생활과 예술활동에 자유롭게 참여하는 등의 놀이와 관련된 권리를 인정하고, 아동에게 놀이를 촉진할 수 있는 적절하고 균등한 기회를 제공하도록 장려하고 있다. 그러나 우리나라에서는 아동의 놀이문화 활동을 위한 정책은 없으며, 청소년 활동과 관련된 수련 및 문화 활동의 형태로 정책이 시행되고 있다.

다시 말해서, '어린이헌장'에서 아동의 놀이 및 오락의 권리를 명시하였고, '청소년헌장'에서 문화·예술 활동의 권리를 명시하고 있으나, 아동의 여가와 오락 활동을 위한 정책이나 시설, 기구 등은 매우 미흡한 실정이다.

7) 특수보호

아동복지가 모든 아동을 대상으로 복지를 증진시키기 위한 것이지만 특수한 문제나 욕구를 가진 아동에 대해서는 보다 개별적인 보호와 양육이 제공되어야 한다. 즉, 신체적·정신적·심리적 장애를 가진 아동에게는 그들에게 필요한 치료와 교육, 보호를 제공해 주어야 하고, 학대나 방임의 경험이 있는 아동에게는 신체적·정신적·심리적 치료와 함께 그들을 보호할 수 있는 장소를 제공해 주어야 한다. 취업모 및 한부모 자녀에게는 저녁 늦게까지 아동을 안전하게 보호하고 양육할 수 있는 방과 후 서비스가 필요하며, 빈곤가정 아동에게는 교육·보건·오락 및 문화생활 등이 제공될 수 있도록 하고, 특별한 욕구를 가진 아동에게는 그들의 욕구에 부합되는 복지서비스가 제공되어야 한다.

chapter

02 아동발달의 이해

1. 아동발달의 개념과 특성

1) 발달의 개념

발달이란 세포의 수정에서 사망에 이르기까지 전 생애에 걸쳐 연령의 증가와 함께 나타나는 신체적 측면과 심리적 측면에서의 구조와 기능의 발달과 쇠퇴 모두를 포함하는 것이다. 과거에는 발달 연구들이 주로 기능의 상승과 증가 시기인 아동기나 청년기의 연구에 초점을 맞추어 왔으나 최근 연구는 발달은 전 생애에 걸쳐 일어난다는 인식하에 성인기와 노년기를 포함한 연구가 주로 이루어지고 있다. 이러한 특징을 생애이론(life-span theory) 또는 생애 발달심리학(life-span developmental psychology)이라고 한다.

발달(development)과 유사한 개념으로 성장(growth), 성숙(maturity), 학습(learning)을 들 수 있는데, 이 세 가지 용어는 변화를 지칭하는 의미에서는 혼용되고 있지만 변화의 요인과 양상에 따라 각기 다른 의미를 가진다. 이 세 가지 개념을 구분하여 살펴보고자 한다.

(1) 성장(growth)

시간의 경과와 연령의 증가에 따라 신체적 · 생리적 측면에서의 양적인 증대 혹은 변화를 뜻한다. 신체적 크기나 근육의 세기 등 신체적 기능의 양적 증가를 주로 의미한다.

(2) 성숙(maturity)

유전적 메커니즘에 의해 미리 짜여진 순서에 따라 성장을 기초로 신체적·생리적 측면의 변화와 심리적 측면의 변화가 일어나는 것을 의미하는데, 예를 들어 영아기의 급속한 성장이나 사춘기의 2차 성징과 같은 것이다.

(3) 학습(learning)

직접 또는 간접 경험을 통해 훈련이나 연습의 결과로 인한 비교적 지속적인 행동의 변화로 주로 환경의 영향을 많이 받는다. 그 결과는 매우 개별적이고 특수하다.

2) 발달의 원리

발달에는 모든 아동에게 보편적이고 일반적으로 나타나는 기본적인 원리가 있다. 이러한 원리는 아동발달 및 행동을 이해하는 데 필요하다.

(1) 발달의 상관성

발달은 유전과 환경의 상호작용으로 일어난다. 인간은 부모로부터 물려받은 유전적 요인과 외부로부터의 환경적인 요인의 영향에 의해 발달된다. 이는 상호 독립적이 아니라 상호 보완적으로 발달에 영향을 미친다. 일반적으로 발달은 신체발달, 인지발달, 사회·정서발달, 언어발달 영역으로 나누는데 이러한 발달은 유전과 환경의 상호작용에 의하여 이루어진다. 각 영역의 발달이 서로 유기적으로 연결되어 밀접하게 영향을 주고받기 때문에, 각 발달 영역은 서로 발달을 돕기도 하고, 한 영역의 지체가 다른 영역의 발달지연을 초래하기도 한다. 예를 들어, 신체발달이 우수한 아동들이 적극적이고, 사회성 발달이 뛰어나며 주변을 자유롭게 움직이면서 적극적으로 탐색해서 인지나 언어 발달에도 상승효과를 나타내는 것을 볼 수 있다.

(2) 방향의 순서성

인간 발달은 일정한 발생학적 순서와 방향으로 진행되는데 규칙적이며 예측이 가능하다. 또한 발달의 속도는 개개인마다 다르나 현재의 발달 단계는 이전 단계의 발달로 이루어진 결과이며, 동시에 다음 단계의 기초가 되는 전 단계가 된다. 따라서 발달이 이전 단계에서 다음 단계로 이행한다는 것은 보다 높은 차원의 발달이 이루어짐을 뜻한다.

- **두미**(cephalocaudal)**발달 원칙** : 발달은 머리에서 발 방향으로 이루어진다. 태아와 유아는 모든 신체 중에서도 머리 쪽이 먼저 발달하고 다음으로 팔다리 방향으로 발달한다. 예를 들어, 영아는 신체의 하부보다 상부를 사용하는 것을 먼저 배우는 것이다.
- **근원**(proximodistal)**발달 원칙** : 발달은 중심에서 말초 부위로 이루어진다. 즉, 신체 중심에서 먼 곳으로 발달한다. 예를 들어, 태아의 머리와 몸체는 팔다리보다 먼저 발달하며, 팔다리는 손가락, 발가락보다 먼저 발달한다. 다시 말해 팔, 손목, 손, 손가락의 순서대로 발달이 이루어지는 것을 말한다
- **세분화**(mass to specific)**발달 원칙** : 발달은 전체 활동에서부터 특수활동으로 이루어진다. 모든 운동은 전반적인 전체 운동이 나타나고 다음으로 세분화된 특수운동이 나타난다. 유아 초기의 행동은 몸 전체를 사용하는 거칠고, 산만하고, 분화되지 않은 것이지만 점차적으로 분화되고 정밀한 행동으로 대체된다. 예를 들어, 어린 영아의 경우 바닥에 있는 물건을 잡기 위해 손가락보다는 온몸을 다 사용하지만, 시간이 지나면서 점차 엄지손가락과 집게손가락을 사용해서 물건을 집을 수 있다.

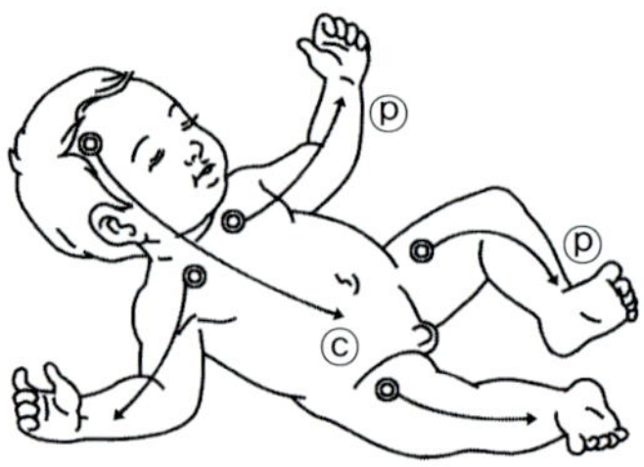

[그림 2-1] 발달의 기본 원칙

(3) 발달의 분화와 통합성

발달은 분화와 통합의 과정이다. 인간은 각 기관이나 기능의 발달에 처음에는 미분화되어 전체적인 반응만을 보이다가 점차 부분적이고 특수한 반응으로 분화되어 가며, 그와 동시에 부분적 기관이나 기능들이 서로 통합되어 새로운 체제를 형성해 간다.

(4) 발달의 주기성

발달은 계속적인 과정이지만 속도는 일정하지 않은 불규칙성을 보인다. 즉, 수정의 순간부터 죽을 때까지 발달을 계속하지만 키나 몸무게는 영아기와 청년기에 급성장하며, 어휘의 습득은 유아기 동안 현저하게 증가하고, 추상적 사고능력의 발달이나 생식기관의 발달은 청소년기에 급속히 이루어지는 것과 같이 발달의 속도는 일정하지 않다.

(5) 발달의 개인차

발달은 일정한 순서와 방향에 따라 이루어지지만 개인에 따라 다양한 차이를 나타낸다. 발달의 변화시기, 발달속도, 표현방식, 발달적 결과에 있어서 개인마다 상당한 차이가 있으며, 심지어 일란성 쌍둥이들 간에도 태어날 때부터 개인차가 있다. 예를 들어, 동일한 4세 유아라고 할지라도 언어

발달이 빠른 유아는 자유롭게 의사소통을 할 수 있는 반면 간단한 의사소통 수준에 머무는 유아도 있다.

(6) 발달의 결정적 시기(sensitive period)

발달은 연속적인 과정이지만 발달 영역에 따라 보다 용이하고 민감하게 발달이 이루어지는 최적의 시기, 다시 말해 결정적 시기가 있다. 예를 들어, 아기가 애착(attachment)을 형성해야 하는 시기에 제대로 애착이 이루어지지 못할 경우 성장 후의 원만한 대인관계 형성이 어려울 수 있다. 이처럼 특정 시기에 특정한 경험에 민감한 것은 사실이지만 그 시기의 결손에 대해 수정 가능성 역시 존재한다.

3) 발달의 단계

발달은 연속적인 과정이므로 단계를 구분한다는 것이 간단한 일은 아니다. 그러나 발달은 또한 일정한 속도로 이루어지는 과정이 아니어서 특정한 시기에 어떤 특성이 비교적 현저하게 나타남으로써 다른 시기와는 구별된다. 따라서 연령과 심리적 특성을 기준으로 하여 인간의 일생에 걸친 발달과정을 단계로 구분할 수 있는데 이것을 발달 단계(developmental stage)라고 한다.

(1) 태내기(prenatal period : 수정에서 출생까지의 약 40주간)

9개월이라는 짧은 기간이기는 하지만 기본 신체구조와 기관이 이 시기에 형성되기 때문에 인간 발달의 기초가 되는 중요한 시기이며 가장 급격한 발달의 변화를 보이는데 많은 환경변화를 경험하며 적응해 간다.

(2) 신생아기[neonatal period : 출생에서 1개월까지(의학적으로는 생후 약 2주간)]

태아기 동안 어머니의 자궁 내에서 안전하게 보호받는 의존적인 생활로부터 모체 밖으로 나와 낯선 새로운 환경에 적응하기 위한 기간이다. 이 시기는 매우 짧지만 독립적인 개체로 전환하기 위해 신체 각 기관들이 생리적·생화학적 변화를 일으키는 생의 중요한 시기이다. 특히 이 시기는 안정적 환경의 조성이 요구된다.

(3) 영아기(infancy : 생후 1개월부터 24개월)

발달속도가 가장 빠른 시기로서 영양섭취와 함께 정서적·사회적·심리적·지적 발달을 위해 주의를 기울여야 할 시기이다. 이 기간은 스스로 몸을 움직여 이동할 수 있고, 스스로 의사소통이 가능해지면서 자아를 인식하고 자율성을 보이면서 첫 번째 독립된 개체로 성장할 준비를 하게 된다. 신체에 광범위하게 근육이 생기고, 인지, 지각 능력이 발달한다. 이 시기의 양육방법이 앞으로의 성격발달에 중요한 영향을 끼치기도 한다.

(4) 유아기(early childhood : 2세부터 6세까지)

만 2세부터 초등학교 취학 전인 만 4, 5세까지를 의미하며 취학 전 시기 또는 학령전기라고도 한다. 이 시기의 유아들은 신체 움직임이 자유로워지고 정교해지며, 언어발달이 급속하게 이루어져서 의사소통이 활발해진다. 또한 사고가 확장되어 도덕적 감각이 분명해지며 또래들과 관계를 형성하기도 하지만 자기중심적 특성이 큰 시기이다.

(5) 아동기[middle & late childhood : 6세부터 12세까지, 초등학교 생활의 시기(학령기)]

이 시기의 아동은 생활환경이 가정에서 학교 환경으로 옮겨짐에 따라 또래관계가 중요한 관심사로 부각되면서 더 넓은 세상을 배우고 성인처럼 자기들이 수행할 새로운 책임들을 배운다. 또한 강한 지적 의욕이 생기고 호기심, 흥미가 다양해지며 사회적 행동이 현저하게 발달하여 친구와의 강한 또래집단을 만든다. 정서는 유아기에 비하여 안정되어 가지만 성인에 비하여 현저하게 일시적이고 강렬하다. 신체발달이 비교적 완만하게 진행되며 운동기능도 비교적 정상적으로 발달한다.

(6) 청년기(adolescence : 12세부터 22세까지)

중・고등학교, 대학생활의 시기로, 제2의 탄생기라고도 한다. 신체적으로는 성인의 수준에 달하며 성적 성숙이 기초가 되어 이성에 대한 관심이 강해진다. 자아의식이 발달하고 자존심, 자기주장, 독립성이 강해진다. 이 과정에서 자아정체감을 형성하게 되고, 사회적으로 책임 있는 행동을 하려 하며 이를 실천하고자 한다.

2. 아동발달이론

1) 성숙주의

성숙이론은 인간발달의 과정이 유전적으로 결정되어 있다고 설명한다. 즉, 인간은 태어날 때부터 발달의 유전적으로 정해진 순서에 따라서 발달이 이루어진다는 것이다. 이러한 관점에서 인간의 발달은 성숙기제에 의하며 환경적 영향은 부차적인 것이라고 생각하였다. 대표적인 학자는 루소, 게젤, 홀이다.

(1) 루소의 발달이론

루소(J. J. Rousseau, 1712~1778)는 개인의 자연적 본성을 잘 보전하고 사회적 제약으로부터 벗어나 자신에게 주어진 본래의 선과 행복을 누릴 수 있는 사회 속의 자연인 육성을 교육목적으로 보았다. 교육의 궁극적인 목적은 개인의 권리를 보전하고, 자연상태를 유지하는 것으로 보고, 외부적인 강제에 의해서가 아닌 자연적인 성장과정에 맡기는 교육을 주장하였다. 내부의 생물학적 시간표에 의해 발달이 진행된다는 주장은 영아발달이 일련의 단계를 거쳐서 전개된다는 현대 발달이론에서 단계이론의 기틀이 되었다. 루소의 주 저서인 『에밀(Emile)』에서 제시한 교육의 단계별 특징은 다음과 같다.

〈표 2-1〉『에밀』에 제시된 교육의 단계

단 계	내 용
유아기(0~2세)	• 신체발육에 중점을 두는 건강교육 • 인위적인 교육보다는 직접적으로 생활을 경험함으로써 주어진 자연조건에 적응할 수 있는 능력을 길러주어야 함
아동기(2~12세)	• 손발의 단련과 감각기관의 훈련에 중점을 두는 감각교육 • 이성의 수면기로 지식교육을 강요하지 않아야 할 것을 주장 • 실제 생활교육
소년기(12~15세)	• 이성에 눈뜨는 시기로 지식교육이 가능 • 지식교육도 원칙적으로 생활에 유용한 경우에 한함 • 자연현상을 직접 관찰, 경험, 발견하고 실험하는 것을 학습과정으로 봄 • 지식을 가르쳐주기보다 학문에 대한 취미와 열정을 길러주는 것이 중요
청년기(15~20세)	• 남녀의 지각이 생기는 사춘기, 제2의 탄생 • 도덕적, 종교적, 사회적 관계형성의 기초를 마련해 줌으로써 애타적 삶의 모습을 형성해 주어야 함

(2) 게젤의 발달이론

게젤(A. L. Gesell, 1880~1961)은 인간성장의 모든 측면, 즉 구조적 생리적, 행동적, 심리적 측면을 배아모형(embryological model)으로 설명하였다. 모든 성장은 사전에 결정된 유전적 요소에 의해 기본 방향이 결정되는 '성장모형'을 가지고 있으며, 환경적 요인은 단지 이를 지지해 주거나 수정할 뿐 발달의 진전은 유발시키지 못한다고 하였으며, 이 기제가 '성숙'이라고 보았다.

게젤은 영아의 성장 및 발달 속도는 개인차가 존재하지만 동일한 순서에 따라 발달한다고 보는 '성숙준비도 이론(theory of maturation readiness)'을 정립하였다. 이는 유아에게 무엇을 가르치기 위해서는 유아가 성숙할 때까지 기다려야 한다는 학습시기의 개념이다. 게젤의 아동발달의 기본 원리는 다음과 같다.

〈표 2-2〉 게젤의 아동발달의 원리

원 리	내 용
발달방향과 순서의 원리	행동발달은 신체발달과 동일하게 머리에서 팔다리로, 중심에서 편측으로 나아간다.
상호적 교류의 원리	대칭되는 두 부분, 즉 좌뇌와 우뇌, 두 손, 두 눈, 두 다리 등이 점차적으로 한 부분씩 발달한 뒤 함께 통합되어 균형적으로 발달되어 감을 말한다. 예를 들어, 손을 사용하는 데 있어서 영아가 처음에는 한 손을 사용하다가 다음에 두 손을 사용하고, 다시 한쪽 손을 선호하다가 또다시 양손을 함께 사용하는 식으로 우세 손이 분명해질 때까지 이 과정을 계속하게 된다.
기능적 비대칭의 원리	상호적 교류의 원리의 특수한 경우로서 유기체의 신체기능은 완전 좌우대칭이 아니라 행동의 균형, 신속성 및 적응성의 기반이 되도록 항상 일방 우세한 기능을 발휘하는 쪽으로 발달하는 경향성을 의미한다. 예를 들어, 경직성 목반사는 영아가 머리를 한쪽으로 돌리면 머리가 돌려진 방향으로 한쪽 팔을 내밀고 그쪽 다리는 쭉 편 상태이며, 다른 쪽 팔과 다리는 구부러진 자세를 취한다.
개별적 성숙의 원리	개인의 성장속도는 성숙기제에 따라 개인차가 있다. 아동의 성장 속도는 아동의 기질이나 성격상의 차이와 관계가 있을 것으로 보고 빠르게 자라는 아동, 느리게 자라는 아동, 속도가 일정하지 않은 아동으로 유형을 나누어서 설명했다.
자기 규제의 원리	영아가 자신의 능력 이상으로 새로운 것을 시도하지 않도록 자신의 행동을 조절하도록 하는 원리이다.

(3) 홀의 발달이론

홀(G. H. Hall, 1844~1924)은 미국 최초의 심리학 박사이며 독자적인 아동심리학을 발전시키고 과학적인 아동연구 방법으로 질문지법을 고안한 최초의 심리학자이다. 홀은 다윈의 진화론을 반영하여 진화론적 발생심리학을 체계화함으로써 동시에 반복 발생설을 주장하였고 인간의 모든 발달은 유전적 요인에 의해서 결정된다고 보았다.

인류의 발전과정이 야만 사회에서 문명 사회로 발달하였듯이 개인의 발달 또한 유아기로부터 청년기를 거쳐 성인이 된다고 보았으며, 인간 발달단계를 다음의 4단계로 구분하여 설명하였다(정옥분, 2003).

〈표 2-3〉 홀의 인간 발달 단계

단 계	내 용
유아기(출생~4세)	유아가 기어다니는 것은 인간 종족이 네 발을 사용하던 무렵의 동물적 단계를 반복하는 것이다. 이 시기에 유아는 감각발달이 우세하며 자기 보존에 필요한 감각 운동기술을 습득하게 된다.
아동기(4~8세)	고기잡이와 사냥이 주요 활동이던 시대를 반영한다. 이 시기에 아동은 숨바꼭질이나 총놀이, 활쏘기 놀이를 한다.
전 청년기(8~12세)	수천 년 전 미개 사회의 단조로운 삶을 반영한다. 이 시기에 아동은 읽기, 쓰기, 셈하기 등의 일상적인 훈련과 연습을 하게 된다.
청년기(사춘기~25세)	이 시기를 '질풍노도의 시기'라고 하였으며, 청년기가 혼란스러운 것은 인간의 진화 과정에서 과도기적 단계를 반영하기 때문이라고 생각했다. 즉, 아동도 아니고 성인도 아닌 모호한 위치에서 청년은 자아의식과 현실 적응 사이에서 갈등을 경험하게 되고, 이로 인한 긴장과 혼란이 이 시기를 질풍노도의 시기로 만든다는 것이다. 그러나 청년기는 보다 높은 수준의, 그리고 보다 완전한 인간 특성이 새로이 탄생하는 시기로서 현대문명 사회를 반영하는 청년 후기가 되면 성숙기에 도달하게 된다.

(4) 성숙이론에 대한 평가

① 인간 발달에 영향을 미치는 환경적 요소의 영향을 최소한으로 인정하였다.

② 인간 발달의 보편성에 관심을 두고, 발달의 가장 중요한 것은 유아 내부로부터 나온다고 주장하였다. 즉, 성장의 기본적인 방향은 인간 내부에서 나온다는 것이다.

③ 부모나 교육, 사회적 영향과 같은 환경적 요인은 유아의 성장을 돕고 촉진시켜 준다고 본다.

④ 유아의 실패나 부적응과 같은 행동은 발달이 유아 자신의 내적 요구와 발달 순서에 따라 이루어진 것이 아닌 모든 유아에게 보편적으로 나타나는 것으로, 고정적인 전개 과정에서의 특정한 시기 동안에 나타나는 유아의 행동으로 본다.

2) 정신분석이론

정신분석이론은 인간의 행동을 마음과 성격에 의해 이해하고자 하는 시도로 인간의 성격발달에 깊은 관심을 두고 있는 이론이며, 대표적인 학자는 프로이트와 에릭슨이다.

(1) 프로이트의 심리성적 발달단계

프로이트(Sigmund Freud, 1856~1939)의 이론은 성격발달 단계에서 성적 욕구를 강조했기 때문에 심리성적 발달이론(psychosexual developmental theory)이라고 한다.

① 성격의 지형학적 모형

프로이트에 의하면 인간을 성욕과 공격성에 의해 움직이는 존재이며 충동적이고 비이성적이며, 때로는 자신도 의식하지 못하는 무의식적 동기에 영향을 받는 존재로 보았다. 기본개념으로 인간의 정신세계를 빙산에 비유하며 세 가지로 구분하였다.

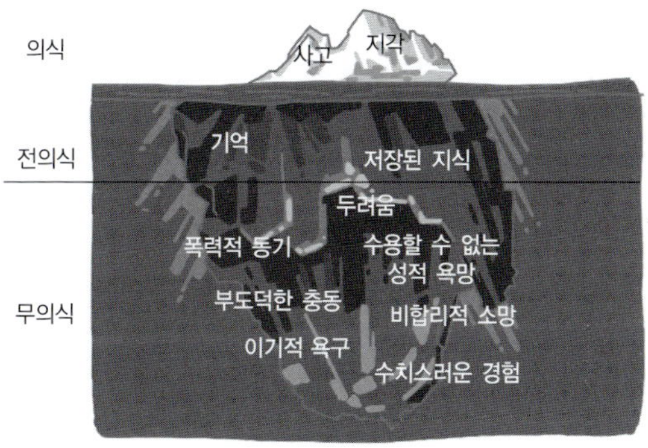

그림 2-2 의식 구조

가. 의식 수준(conscious level)

인간의 현재 지각과 사고, 정서 경험 등을 말한다. 빙산으로 비유하자면 수면 위에 드러난 부분이라 할 수 있으며, '빙산의 일각'이라는 말처럼 인간의 전체 정신세계 중 극히 일부분에 해당한다.

나. 전의식 수준(preconscious level)

의식 수준에 속하지 않았지만 조금의 노력으로도 자각할 수 있는 기억과 경험 등을 말한다. 전의식은 수면 바로 아래에 있는 빙산의 부분이라 할 수 있으며, 파도가 출렁이면 수면 위 빙산의 부분이 수면 아래로 가라앉거나 수면 아래 빙산의 부분이 수면 위로 드러나는 것과 같이 현재 순간의 의식은 다음 순간에 전의식에 속하게 되고 또 이전의 전의식은 순간 의식에 속하게 되는 서로 밀접한 관련성을 가지고 있다.

다. 무의식 수준(unconscious level)

정신내용의 대부분을 형성하며 의식하려고 노력하더라도 쉽게 자각하기 어려운 사고, 감정, 욕구, 충동, 소망, 동기 등을 말한다. 무의식은 수면 아래에 자리하여 빙산의 대부분을 차지하는 것이라 할 수 있는데, 의식이라는 수면 위에 잘 떠오르지 못하고 억압되어 있는 인간의 생각과 감정, 행동에 거대한 영향을 미친다는 점에서 중요한 의미를 지닌다. 무의식의 증거로 꿈, 망각과 실언, 최면 후의 행동, 자유연상법이나 투사법으로 나온 경험의 자료들이 있다.

② 성격의 구조적 모형

가. 원초아(id)

무의식을 구성하는 핵심 요소로서 성격의 가장 원초적인 부분으로 타고나는 것, 즉각적이고 본능적인 욕구, 인간이 생존하는 데 필요한 모든 본능으로 1차적 사고과정, 쾌락원리를 따른다. 원초아 안에는 인간이 긴장을 느껴 이를 해소하기 위해 무엇인가 행동하게 하는 추동(drive)이 저장되어 있다. 이 부분은 외부세계와 무관하고 어떠한 논리와 법칙이 통하지 않기 때문에 매우 충동적이고 비합리적이며, 자기중심적이고 자애적이다.

나. 자아(ego)

자아는 심리적 구성요소이며 현실과 타협하고 현실을 인식하는 현실 원리에 따라 움직인다. 자아는 원초아로 하여금 충동을 지연, 현실을 고려하도록 하는 역할을 하며, 조직적이고 구체적인 정신구조, 성격의 조정자로서 인간의 생각과 행동을 통제하는 2차적 사고과정이다.

다. 초자아(superego)

사회적인 구성요소이며 일부는 무의식적이고 또다른 일부는 의식적이다. 도덕적이고 윤리적인 측면의 성격으로서 쾌락보다 완전함을 추구하는 기능의 주체이며, 현실보다는 이상을 의미한다. 초자아는 가장 마지막에 발달하고 부모가 아이에게 전달하는 사회적 가치와 관습을 동일시하면서 발달하게 된다. 초자아는 양심과 자아이상으로 구성되는데 양심은 부모의 처벌에 의해, 자아이상은 부모의 칭찬에 의해 영향을 받게 된다. 옳고 그름을 판단하며, 해야 할 것과 하지 않아야 할 것을 결정하게 되는 도덕적 영역을 담당한다.

③ 심리성적 발달단계

프로이트에 의하면 개인의 성격은 영유아기의 여러 가지 경험에 의해 형성되며 생후 6년까지 기본 골격이 형성되고, 그 이후에는 마무리 단계에 지나지 않는다고 하였다. 성적인 본능을 가장 중요한 본능으로 보고 성적 본능 에너지를 리비도(libido)라고 가정하였으며, 리비도가 어디에 위치하느냐와 욕구충족의 정도에 따라 성격 특성이 달라질 수 있다고 보고 이를 5단계로 구분하였다.

가. 구강기(oral stage, 출생~1세경)

대체로 생후 12개월 혹은 18개월까지의 기간으로 입, 혀, 입술 등 구강으로 집중하므로 영아가 생리적 쾌감을 얻는 주 기관은 입과 그 주위가 된다. 원초아가 행동을 지배하고 모든 만족의 근원은 먹는 것에 있다. 구강기 동안 욕구가 충족되지 못하거나 지나치게 되면 구강기 고착이 일어나는데, 이는 성인이 되어도 껌씹기, 손톱 물어뜯기, 과음, 과식, 담배 피우기, 수다, 욕설 등으로 나타날 수 있다.

나. 항문기(anal stage : 1세 혹은 18개월에서 3세까지)

이 시기에는 성적 에너지의 초점이 구강에서 항문으로 옮겨가면서 대변의 배출과 보유가 만족의 원천이 된다. 이 시기의 유아들은 배변훈련을 하면서 본능적 충동을 외부로부터 통제받게 된다. 배변훈련의 경험은 영유아의 성격 형성에 영향을 주는데 너무 강압적이거나 방임적이면 고착현상이 일어나 폭력적, 공격적, 잔인한 성격, 낭비벽 등의 항문기적 성격을 띠게 된다.

다. 남근기(phallic stage : 4~6세경)

이 시기의 유아들의 성적 에너지의 초점은 성감대인 성기로 옮아가 자신이나 다른 성기에 호기심을 보인다. 이 시기의 발달과제는 남아의 경우 오이디푸스 콤플렉스를, 여아의 경우 엘렉트라 콤플렉스를 해결하는 것이다. 오이디푸스 콤플렉스란 남아가 어머니를 성적 애착의 대상자로 원하나 가장 큰 경쟁자인 아버지가 어머니를 좋아하기 때문에 아버지를 질투하고 미워하지만 아버지가 자신을 사랑하고 있다는 것을 알고 갈등하는 동시에 자신의 성기를 제거할 것이라는 거세불안에 시달린다. 반대로 여아는 남근을 부러워하는 남근선망이 생기고 사랑의 대상으로 아버지를 원하나 어머니에 의해 좌절되기에 자신의 어머니를 동일시하려고 한다. 남근기에 고착되면 남아는 경솔하고 과장이 심하며 야심이 강하고, 여아는 유혹적이고 성적으로 문란한 성격을 형성한다.

라. 잠복기(latent stage : 6~12세)

이 시기의 리비도는 무의식 속으로 억압 또는 승화되어 지적 관심, 운동, 그리고 친구 간의 우정 등으로 나타난다. 이 시기는 성적 본능이 수면상태에 있으므로 사실상 프로이트의 심리성적 발달단계로서의 의미를 갖지 못하는 단계이다. 이 시기가 고착되면 생식기에 가서도 분리되지 못하고 동성애로 발전할 수 있고, 정서적인 감정 없이 단지 공격적인 방식으로 성적 행동을 할 수 있다. 이 시기의 아동은 사회적·도덕적 가치를 습득하게 되고 초자아가 발달하게 된다.

마. 생식기(genital stage : 12세 이후)

이 시기가 되면 사춘기가 더불어 시작되어서 생식기관이 발달하고 2차 성징이 발현된다. 이 시기에 리비도는 다시 성기에 초점을 맞추며 성적 에너지가 동성 친구에게 집중되었던 것이 점차적으로 이성으로 옮겨간다. 이 시기에 성적 충동과 공격적 충동이 다시 나타난다. 가정이라는 울타리 밖에서 만족을 얻으려고 하므로 자원봉사, 독서, 운동 등과 같은 활동으로 승화되기도 한다. 이 시기에 고착되면 지나친 금욕주의, 비행 등이 일어날 수 있다.

(2) 에릭슨의 심리사회적 발달단계

에릭슨은 프로이트의 영향을 받아 그의 정신분석이론을 기초로 하여 성격발달이론을 제시하였다. 그러나 프로이트가 성적 요인을 강조한 반면, 에릭슨은 사회적 요인, 또래관계를 포함한 인간관계에서의 상호작용의 중요성을 더 강조하였기 때문에 그의 이론을 심리사회적 발달이론이라고 한다.

① 기본적 신뢰감 대 불신감(출생 후~12, 18개월)

이 시기의 영아는 자신을 돌봐주는 주양육자와 사회적 관계를 맺게 되는데, 신뢰란 부모가 유아의 기본적 욕구를 충족시켜 줄 때 그 경험의 일관성, 계속성, 통일성에 의해 생겨난다. 그 반대로 주양육자가 부적절하고 일관성이 없고 부정적이면 불신감을 일으키고 주변 환경에 두려움을 갖고 대할 것이다.

② 자율성 대 수치심과 의심(18개월~3세)

이 시기는 프로이트의 항문기에 해당하고 이 시기에 영아발달에는 사회적인 기대나 압력과 자신의 의지 사이에서의 조절과 즉응력이 발달 특성을 결정 짓는다. 괄약근을 조절하여 대변을 보유하거나 배출할 수 있고, 보행 능력의 획득으로 인해 근육발달이 이루어지고, 음식을 스스로 먹으려 하며, 언어 표현에서는 "내가", "싫어" 등의 자율적인 표현이 나타난다. 부모로부터 신뢰감을 얻게 되면 유아는 곧이어 자신의 행동에 대한 자율성을 얻으려고 시도한다. 이때 지나치게 간섭하고 통제받게 되면 통제능력이 미약해지고, 이를 극복하지 못하면 수치심과 의심이 쌓여 자신감이 없고 불안해할 수 있다.

③ 주도성 대 죄책감(3~6세)

이 시기의 유아는 신체 및 정신적 능력이 충분히 발달된 상태로 많은 일을 스스로 하려 한다. 사물에 대한 관심이 많아지고 환경을 탐색하고 놀이를 통해 새로운 시도를 한다. 이를 통해 주도성이 발달하게 되는데, 이 시기에 부모의 강한 제재를 받게 되면 죄책감을 갖게 되므로 사회적으로 유용한 행동을 하도록 하고 목표의식을 갖게 해야 한다. 이 시기에 자신의 신체에 대한 탐색, 성기에 대한 호기심 등으로 처벌을 받거나 비난을 받게 되면 죄책감이 발달하고 주체적인 행동을 하지 못하게 된다.

④ 근면성 대 열등감(6~12세)

이 시기는 자아성장의 결정적인 시기로 아동은 지적·사회적으로 빠른 성장을 보이며 학교교육을 통해 인지적 기술과 공동체에 적응하는 훈련을 받게 된다. 사회에서 요구하는 규범과 행동양식을 익힘으로써 근면성이 발달하는 데 결정적 시기이다. 이 시기에는 학습을 잘 하고 만족감을 느끼면 근면성이 발달하지만 부모나 교사로부터 자신의 일을 인정받지 못하거나 무능감이 생기면 열등감이 발달하게 된다.

⑤ 자아정체감 대 역할혼란(12~18세, 청소년기)

이 시기는 사춘기로서 생식기관의 성숙과 2차 성징의 출현이라는 새로운 경험을 하게 되고, 이런 변화는 스스로에게 성인으로서의 이미지를 형성하며 성역할에 대한 의식을 갖게 한다. 생리적으로 큰 변화를 경험하는 청소년들이 사회적 역할을 강화하려고 시도하면서 직면하게 되는 것은 자아정체감을 형성하는 것이고, 다른 상황에서나 서로 다른 사람들에 대한 반응에 있어서 자신의 성격의 동일성과 계속성을 인정받음으로써 정체감이 생겨난다. 그러나 자신의 정체감에 대해 고민한 적이 없거나 방황하여 문제를 해결하지 못하고, 성역할과 직업 선택에서 안정성을 확립할 수 없으면 역할혼미에 빠진다.

⑥ 친밀감 대 고립감(성인초기)

이 시기는 성인초기로 타인과 자신의 정체성을 통합하여 친밀감을 나눌 수 있는 관계를 형성하는 것이다. 배우자 선택 등 타인과의 관계에서 친밀감을 이룩하는 일이 중요한 과업인데, 청년기에 정체감을 형성하지 못하고 대인관계에서 단절되거나 자신의 이익이 우선인 대인관계에서 친밀감을 형성하지 못하면 고립하여 자신에게만 몰두하게 된다.

⑦ 생산성 대 침체성(성인중기)

이 시기는 중년기에 해당되며 인간의 완전한 성숙기로 삶의 각 영역에서 생산성을 발휘하는 시기이다. 주요 발달과제는 자녀를 낳고 기르는 것뿐만 아니라 사회적으로 후세대를 양성하거나 사회봉사활동을 포함하며 직업적 성취, 학문적·예술적 업적을 통하여 생산성을 발휘하는데, 어떤 이유로 생산성을 발휘하지 못하게 되면 침체성이 형성되어 자신의 욕구에 치중하여 타인에 대한 관대함이 결여된다.

⑧ 자아통합성 대 절망감(성인후기)

이 시기는 노년기로 자신의 삶을 되돌아 보거나 검토해 보며 마지막 평가를 하는 숙고의 시간을 보낸다. 통합이란 자기 자신과 자신의 생활의 의미를 찾고 보람을 느끼게 되는 것을 말하며, 반면에 신체적 노쇠와 은퇴 및 배우자나 친구의 사망 등으로 인하여 인생에 대한 무력감을 느끼고 지나온 생애를 되돌아보며, 자신의 생이 무의미한 것이었다고 느끼게 되면 후회와 좌절, 분노와 절망에 빠지게 된다.

3) 행동주의 이론(학습이론)

행동주의는 내적 동기와 욕구, 지각보다 구체적으로 관찰 가능한 행동에 초점을 둔다. 인간의 행동이 학습되거나 학습에 의해 수정될 수 있다고 보기 때문에 학습이론이라고도 불린다. 학습(learning)은 경험이 개인의 지식이나 행동에 비교적 지속적인 변화를 야기할 때 일어난다. 그 변화는 고의적이거나 비의도적일 수도 있고, 좋은 것일 수도 나쁜 것일 수도 있다. 그러나 학습으로 칭해지려면, 이 변화는 경험에 의해서 한 개인과 그의 환경의 상호작용에 의해서 야기되어야 한다(김아영 외, 1998 : 208).

개념 표현에 약간의 차이는 있으나, 이러한 정의에서 중요한 점은 학습이란 인간의 발생학적 유전에 의해서는 예고되지 않으나, 후천적 경험에 의해 이루어지는 지속적인 인간 행동의 변화라는 점이다. 따라서 학습은 인간 경험의 결과 생기는 행동의 변화이며, 성숙, 성장, 발달 등의 개념과는 구별된다.

(1) 전통적 행동주의 이론

① 고전적 조건형성

파블로프(I. Pavlov, 1849~1936)는 개의 타액분비에 관한 생리실험에서 조건반사가 성립되는 것을 발견하였다. 개는 음식을 보거나 냄새를 맡으면 타액을 분비하는 타고난 반사를 보인다. 그러나 일정하게 개에게 음식을 제공하는 상황이 반복되면 개는 음식을 가져오는 사람의 발소리를 들었을 때도 침을 분비하게 되는데, 이는 반사가 발소리라는 새로운 중성자극에 의해 조건형성이 된 것이다.

이러한 고전적 조건형성의 실험단계는 Ⅰ그림 2-3Ⅰ에서 제시하고 있다.

파블로프의 실험에서의 요소
1. 먹이는 '무조건 자극' : UCS(Unconditioned Stimulus)
2. 먹이로 인해 나오는 침은 '무조건 반응' : UCR(Unconditioned Response)
3. 조건화되기 이전의 종소리는 '중성자극' : NS(Neutral Stimulus)
4. 조건화된 이후의 종소리는 '조건 자극' : CS(Conditioned Stimulus)
5. 종소리로 인해 나오는 침은 '조건 반응' : CR(Conditioned Response)

Ⅰ그림 2-3Ⅰ 파블로프의 고전적 조건형성 실험

실험을 살펴보면 파블로프는 '음식, 침 분비, 종소리'를 이용하여, 개가 종소리를 들은 후 침을 분비하도록 조건화시킬 수 있음을 증명하였다. 그는 종소리를 울린 후에 재빨리 음식을 주었다. 이런 절차를 몇 번 반복한 후에 개는 종소리만으로도 음식이 주어지기 전에 침을 분비하기 시작했다. 이렇게 해서 종소리는 스스로 침 분비를 야기할 수 있는 '조건 자극(conditioned stimulus)'이 되었고, 종소리 후에 침을 분비하는 반응은 '조건 반응(conditioned response)'이 되었다.

결국 고전적 조건반사란 일정한 자극에 의해 선천적으로 유발되는 반사행동을 처음에는 그것과 아무런 상관이 없는 중성자극과 연결시킴으로써 이 중성자극이 후에 선천적인 반사행동을 유발하게 되는 것을 말한다(조경원 외, 1990; 김아영 외, 1998).

이와 같은 파블로프의 연구는 그 당시 심리학계에 상당한 영향을 주었으며, 손다이크(E. Thorndike, 1874~1949) 역시 동물실험을 통하여 자극과 반응이 결합되는 과정을 설명하였는데, 학습자가 다양한 반응을 해보면서 그중에서 문제를 성공적으로 해결한 반응을 학습한다는 것을 증명하였다. 따라서 그의 이론을 '시행착오설'이라고도 한다.

굶주린 고양이를 문제상자 속에 넣고 그 밖에 먹이를 두고서 고양이가 어떻게 상자 밖으로 나와 먹이를 가지고 가는 데 성공하는가를 관찰하였다. 그런데 문제상자(puzzle box)는 줄을 당기거나 발판을 밟는 장치가 되어 있어 그것을 이용해야만 문이 열리도록 되어 있다. 굶주린 고양이는 밖으로 나오기 위해서 어떤 것을 물어뜯고, 밀고, 할퀴고, 뛰는 등 여러 무작위한 동작을 한다. 그러다가 우연히 문을 여는 장치에 대해 정확한 동작을 하게 되어 문을 여는 데 성공하고, 실험을 거듭할수록 무작위 동작은 감소되며, 소요시간도 감소되는 현상을 보여준다(신용일, 1993).

② 조작적 조건형성

스키너(B. F. Skinner, 1904~1990)는 인간행동의 대부분을 조작적 행동이라고 보았는데, 조작적 행동은 어떤 행동이 야기하는 결과에 의해서 행동이 통제되는 것이다. 조작적 조건형성의 원리는 특정 행동이 강화를 받게 되면 그 행동이 다시 나타날 확률이 높아지게 되고, 처벌을 받으면 그 행동이 다시 일어날 확률이 낮아진다는 것이다.

스키너는 주로 자신이 고안한 스키너 박스(Skinner box)를 사용하여 실험을 하였다. 스키너 박스는 동물행동을 연구하기 위해 고안된 장치로, 먹이를 얻기 위해 누를 수 있는 레버나 막대가 달려 있고, 통풍과 방음 설비가 된 상자로, 막대를 누르면 먹이가 제공되고, 조명이 들어온다. 상자에 들어간 배고픈 쥐는 한동안 상자를 돌아다니가 '우연히' 레버를 누르게 되자 먹이가 나왔고, 이와 같은 일이 반복되자 레버를 누르면 먹이가 나온다는 것을 점차 학습하게 되었으며, 마침내 자기가 배가 고플 때마다 레버를 누르는 행동을 보이게 되었다. 스키너는 이러한 행동을 환경에 스스로 작용하여 어떤 결과를 생성해 낸다고 해서 조작(operant)이라 하고, 이러한 절차로 학습되는 과정을 조작적 조건화(operant conditioning)라고 하였다(신용일, 1993).

그림 2-4 스키너의 조작적 조건형성 실험

(2) 사회학습이론

사회학습이론은 행동주의 학습이론과 인지학습이론을 결합한 형태의 행동발달이론이라 할 수 있다. 이는 인간이 어떤 행동을 학습하는 데 있어서 외부로부터의 자극뿐만 아니라 인간 내부의 인지적 요인이 함께 작용하여 학습이 진행된다는 것이다. 따라서 이러한 사회학습이론은 행동주의 이론보다는 인지주의 학습이론에 더욱 접근해 있다고 할 수 있다. 이러한 사회학습이론에 따르면 인간의 학습은 다른 사람과의 사회적 관계에 의해서 이루어진다고 정의될 수 있다.

사회학습이론의 대표적인 학자는 반두라(A. Bandura, 1925~2021)로 모방 혹은 관찰학습이라는 모델링을 발달의 근원으로 보았다. 새로운 반응들은 학습될 수 있고, 현존하는 반응의 특징들은 직접적 강화를 받지 않고도 다른 사람의 행동을 관찰하거나 반응 결과를 통해서 변화될 수 있다. 이것은 학습을 위하여 실질적인 행동을 반드시 수행하지 않아도 되며, 반응을 위해서 즉각적인 보상이 꼭 필요하지 않다는 의미이다. 오히려 사람은 모델을 관찰함으로써 특별한 반응을 학습하여 일단 반응이 획득된 후에는 사회적 힘이 학습과정에 영향을 주기 시작한다.

① 관찰학습의 단계

관찰학습은 환경적 자극에 대한 반응을 통하여 행동을 학습하는 것이 아니라 타인의 행동을 관찰함으로써 학습하는 과정인데, 반두라는 관찰에 의한 학습과정에 영향을 끼치는 인지적·사회적 요소에 관해 말하면서 관찰학습은 네 가지 단계로 이루어진다고 하였다.

가. 주의집중단계 : 관찰학습의 첫 단계로, 모델링을 하는 과정에서 관련된 자극에 주의를 기울이고 관찰된 행동을 배우면서 중요하지 않은 것은 걸러낸다.

나. 유지단계 : 주위의 모델로부터 받은 내용과 인상을 자신의 내면에 오랫동안 기억한다.

다. 생산단계 : 심상에 저장되어 있거나 상징적으로 부호화된 기억을 행동으로 전환한다.

라. 동기단계 : 관찰학습 과정의 결과를 유지하기 위해 필요하다.

② 상호결정론

환경이 성격과 행동을 조성한다는 왓슨, 스키너와 달리, 반두라는 개인, 행동, 환경 간의 관계는 양방향적이며 계속적 상호작용에 의해 이루어진다고 주장한다. 개인이 경험하는 환경이 개인에게 영향을 미치고 개인의 행동 또는 환경에 영향을 미친다는 것이다. 사회인지이론에서는 이러한 상호결정론이 하나의 원리, 가정으로 받아들여지고 있다. 세 요인이 모두 동일한 정도의 영향을 미친다고 볼 수는 없고, 세 요인의 상대적 영향력은 개인이 처해 있는 상황과 활동에 따라 그 차이가 있으며, 동일한 시점에서도 세 요인이 전반적으로 동시적으로 영향을 미치고 있지 않을 수도 있다.

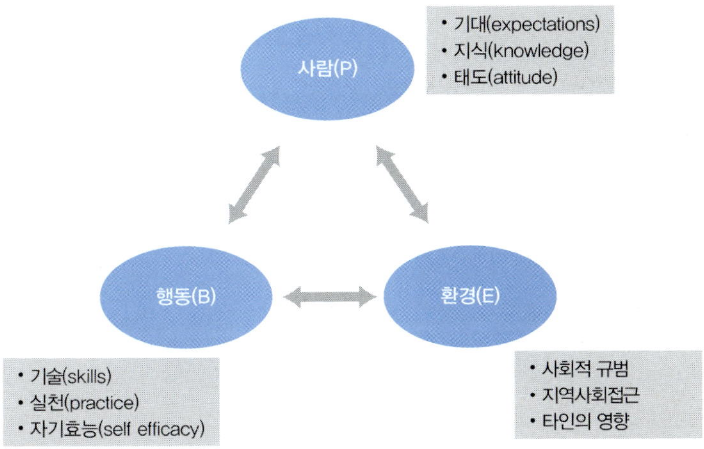

그림 2-5 반두라의 상호결정론

4) 인지발달이론

인지(cognition)란 인간이 지식을 획득하여 사물을 알게 되는 과정과 이 지식을 활용하여 문제를 해결하는 정신적 활동을 의미한다. 우리는 인지과정을 통해 주변 세계를 이해하고 적응하며, 이러한 과정들은 모두 인간의 마음속에서 일어나는 관찰할 수 없는 과정이다.

인지발달은 인간이 연령과 함께 발달해 가면서 일어나는 인지의 변화이다. 20세기에 들어서면서 인지발달에 관련된 많은 이론들이 제시되었는데, 주요 이론으로는 피아제와 비고츠키의 인지이론이 있다. 인지발달이론은 인간의 사고, 추리, 문제해결, 지식과 같은 인지과정과 발달에 대한 이론으로 인간의 정신구조 및 사고과정에 관심을 가진다.

(1) 피아제의 인지발달이론

① 주요 개념

스위스의 인지이론가인 피아제(J. Piaget, 1896~1980)는 아동의 학습이 성인들의 보상에 달려있다는 것을 믿지 않고 아동들이 스스로 그들의 세계를 조작하고 탐색하면서 지식을 적극적으로 구성한다고 하였다. 피아제는 인지능력을 내용(content), 구조(structure), 기능(function)으로 나누어서 설명하였다.

가. 인지내용

인지내용(cognitive content)은 우리가 관찰할 수 있는 인지적 행동들이다. 영아가 손을 뻗어서 딸랑이를 잡는 행동이나 성인이 가능한 모든 대안에 대해 추상적인 사고를 하는 것 등이 모두 인지능력의 내용이다. 이와 같은 예에서 볼 수 있는 것처럼 피아제가 규정하는 인지적 행동은 전형적인 인지적 행동의 정의보다 그 범위가 훨씬 넓다. 사고가 조금이라도 포함되면 모두 인지적 행동의 범주에 들어간다. 그러나 피아제의 관심은 이러한 인지의 내용 그 자체에 있는 것은 아니었다. 피아제는 인지의 내용을 인지의 기능과 구조라는 다른 요소를 밝히는 데 사용하였다. 왜냐하면 인지의 내용은 인지의 구조와 기능에 의해서 결정된다고 보았기 때문이다.

나. 인지구조

인지구조(cognitive structure)는 흔히 도식(schema)이라고도 한다. 이는 우리가 경험을 표상하고, 조직화하고 해석하는 데 사용하는 정신적인 틀과 같은 것이다. 피아제는 인지발달을 곧 인지구조의 발달이라고 본다. 아동은 태어날 때 이미 반사능력을 가지고 있어서 이 반사를 통해 그의 주변 세계를 해석하는데, 이후 이들 반사구조가 변화하면서 발달하게 된다. 인지구조에는 태어나서 2세까지의 아동들이 어떤 행동이나 경험을 표상하고 거기에 반응할 때 사용하는 체계화된 행동패턴인 감각운동도식(sensory motor scheme), 2세경부터 나타나서 7세경까지 아동들이 행동을 하지 않고도 사물이나 사건에 대해 생각할 수 있게 되는 정신적 상징인 상징도식(symbolic scheme), 7세 이후의 아동들이 어떤 논리적 결론에 도달하기 위해 사람들이 자신의 사고를 대상으로 행하는 내부적인 정신적 활동인 조작도식(operative scheme)이 있다.

다. 인지기능

인지기능은 모든 동물들이 유전적으로 물려받은 기본적 경향성(basic tendency)으로 일생 동안 변하지 않는다. 피아제는 이를 일반적 유전적 요인이라고 하였다. 인지기능은 적응(adaptation), 조직화(organization), 평형화(equillibration)의 세 가지 기능이 있으며, 이 세 가지 기능이 일어나는 것을 인지과정이라고 한다.

적응(adaptation)은 유기체와 환경 간의 상호작용을 설명하는 개념이다. 인지구조가 환경적 요구에 맞추어 가는 경향이 적응이다. 피아제는 모든 유기체는 환경에 적응하려는 경향성을 가지고 있다고 가정하였다. 적응은 동화(assimilation)와 조절(accommodation)이라는 두 가지 과정을 통하여 이루어진다.

동화란 이미 가지고 있는 도식을 이용해 그 도식에 맞게 새로운 자극을 이해하는 사고과정을 말한다. 즉, 새로운 사물, 경험 또는 개념을 기존의 도식들로 받아들이는 통합의 과정이다. 예를 들어, 새 외에 하늘을 날아다니는 것을 본 적이 없는 유아는 날아다니는 모든 것을 '새'라고 부른다. 그런데 어느 날 하늘을 나는 비행기를 처음 보게 된 유아는 하늘을 나는 것은 모두 '새'라는 도식에 의해 비행기를 '새'라고 생각한다. 이러한 과정을 동화라고 할 수 있다. 그러나 유아는 곧 비행기와 새의 다른 점을 발견하게 되어 자신이 이미 가지고 있던 도식을 변경하지 않을 수 없게 되는데, 바로 이러한 과정을 조절이라고 한다. 다시 말해 새로운 자극에 알맞게 이미 있던 도식이나 구조를 변형하는 인지과정을 뜻한다. 유아는 이제 불균형상태에 놓이게 되어 새로운 물체가 새인지 아닌지 갈등하다가 비행기는 새가 아니라는 결론을 짓고 새로운 이름을 만들어 냄으로써 지식의 불균형을 해결하게 되는데, 이를 평형이라고 한다. 그리고 새로운 이제 하늘을 나는 것에는 새뿐만 아니라 비행기도 있다는 이전보다 새롭고 복잡한 구조로 지식을 재정리하게 되는데 이러한 과정을 조직화라고 한다. 조직화는 유기체 자신이 가지고 있는 여러 가지 도식들을 하나씩 통합된 체계로 만드는 경향을 말하고 평형화는 인지적 평형을 유지하는 경향이며 동화와 조절을 포함한다.

〈표 2-4〉 **인지 과정**

개념		정의	사례
출발	평형	개인의 도식과 경험 간의 조화	새 외에 날아다니는 것을 본 적이 없는 걸음마기 유아는 나는 모든 대상을 '새'라고 부른다.
↓	동화	현존하는 도식에 근거하여 새로운 경험에 적응하려는 시도	하늘에서 비행기를 본 유아는 그것을 '새'라고 부른다.
종결	조절·평형	새로운 경험을 더 분명히 설명하기 위해 현존하는 도식의 변경	새로운 새가 털도 없고 날개를 펄럭이지도 않는다는 것에 주목하여 갈등 혹은 불균형을 경험한다. 그것은 새가 아니라고 결론짓고 그것에 대해 새로운 이름을 만들어 낸다. 성공적인 조절은 평형을 이루게 한다(잠시 동안).
↓ 조직	조직	현존하는 도식을 새롭고 더욱 복잡한 구조로 재정리	한 개의 상위 범주(날아다니는 대상)와 두 개의 하위 범주(새와 비행기)를 구성하는 위계적 도식 종결을 형성한다.

출처 : David, R. Shaffer, 송길연 외(2001). 발달심리학, p. 242.

② 인지발달단계

피아제는 인지발달을 4단계로 구분하였는데, 각 단계는 서로 질적으로 명확히 구분되고, 서서히 계속적으로 발달하며 단계를 뛰어넘는 도약은 없다는 특징을 가진다.

가. 감각운동기(출생~2세)

생후 2년 동안의 영아기에 해당하는 단계로, 영아는 주로 감각과 운동을 통해 환경을 탐색하며 지능을 발달시킨다. 즉, 이 시기에 영아는 눈, 귀, 손, 입으로 세상을 인식하고 단순한 문제해결방법들을 습득해 간다. 이 시기의 주요 과업은 대상영속성(object permanence) 개념의 획득이다. 대상영속성이란 어떤 대상이 시야에서 사라져 보이지 않게 되어도 그 대상은 계속 존재한다는 것을 인식하는 능력이다. 영아 초기에는 대상영속성을 가지고 있지 않지만, 점차 개념을 습득하여 12개월이 되면 사물이 보이지 않아도 존재한다는 것을 이해한다. 이러한 개념의 습득은 영아가 이제 언어와 같은 상징 기호를 사용하여 정신적인 표상을 할 수 있는 능력을 갖추게 한다.

나. 전조작기(3~5세)

전조작기는 상징적으로 사고하는 능력이 활발히 발달하는 시기로 언어가 급격히 발달하는 시기이다. 유아는 표상적 사고능력이 생겨 역할놀이 및 가상놀이를 할 수 있게 되지만 아직 논리적인 조작이 가능하지는 않다. 이에 이 시기의 유아는 논리적인 추리보다 비논리적인 추리를 하게 되며 직관적 사고, 자기중심적 사고, 상징놀이, 물활론적인 사고의 특징을 보인다.

직관적 사고란 논리적이고 합리적인 사고과정을 거치지 않고 즉시적으로, 보이는 대로 사고하는 것을 말한다. 자기중심적 사고는 다른 사람의 조망을 구별하지 못하는 것을 의미한다. 상징놀이는 이 시기의 유아들이 즐겨 하는 놀이로 물리적으로 현실에 존재하는 대상보다 아동의 내부에서 정신적 표상으로 만들어 낸 현실과는 다른 대상을 가지고 노는 놀이이다. 물활론적 사고는 생명이 없는 대상에게 생명과 감정을 부여하는 것으로, 움직이는 것은 모두 살아있고, 모든 사물은 생명이 있어 생각하고 감정이 있다고 믿는 것을 말하는 것이다.

다. 구체적 조작기(6~11세)

구체적 조작기(concrete operational stage)의 가장 큰 특징은 조작(operation)이 이루어진다는 점이다. 조작이란 과거에 일어났던 사건을 내면화시켜 서로 관련지을 수 있거나 혹은 논리적인 관계를 지을 수 있는 것을 뜻한다. 분류, 보존, 계열, 유추, 관계 및 포함에 관한 개념이 형성되어 이에 관련된 사고를 거의 완전하게 한다. 또한 자기중심적인 언어와 사고에서 탈피하여 타인의 조망이나 입장을 이해할 수 있게 되고, 가역적 사고와 탈중심화 능력이 획득되어 두 가지 이상의 요인을 고려하는 것이 가능해진다.

라. 형식적 조작기(12세 이후)

구체적 조작기의 아동은 구체적 사물에 대해서만 논리적, 체계적으로 사고할 수 있다는 한계점을 가지고 있다. 그러나 형식적 조작기(formal operational stage)인 11~12세에 이르면 완전한 논리적인 사고가 가능해지기 시작하며, 추상적 개념과 상징물을 대상으로 하는 지적 조작이 가능해진다. 또한 문제해결에 있어서도 가설을 설정하고 이를 연역적으로 추리하며, 실증적으로 검증하는 등의 과학적 사고방법이 가능해진다. 또한 자기의 사고에서 논리성을 분석하고 평가하는 등의 고등정신기능이 발달된다. 아동기와 청소년기에 이르면서 존재, 진리, 정의, 도덕성과 같은 심오한 문제에 대해서도 사고가 가능해진다.

(2) 비고츠키의 사회문화적 인지이론

비고츠키(Vygotsky)는 자기 자신뿐 아니라 모든 아동이 부모와 친구, 교사와의 상호작용을 통해 많은 것을 배운다는 사실에 주목하고 이러한 사회관계 속에서 인지발달이 이루어진다고 보았다. 즉, 그의 인지발달이론에서는 사회, 문화적 영향력을 중시한다. 비고츠키는 인지발달이 사람들 사이에서 발생한다고 가정함으로써 인지발달의 사회적 기원을 주장하였다.

① 비고츠키 이론의 특징

첫째, 유아들은 지식을 구성한다. 교사가 유아에게 이야기하고 보여주는 것들을 유아가 무엇을 머릿속에 구성할 것인가에 영향을 준다. 예를 들어, 교사가 유아에게 블록을 보여주면서 이 블록들은 모두 크기가 다르다고 말한다면 유아는 교사가 색이나 모양을 지칭할 때와 다른 개념을 형성한다. 교사의 생각과 상호작용은 유아가 '무엇을', '어떻게' 학습하는가에 영향을 준다.

둘째, 발달은 사회적 맥락과 분리될 수 없다. 따라서 모든 아동이 똑같은 인지발달 단계를 거치지 않으며, 특정 문화 속에서 성인과 아동 간의 상호작용에 따라 아동들의 사고방식과 인지는 다르게 형성된다고 가정하였다. 우리나라의 유아들과 남태평양이나 지중해 지역의 유아들이 알고 있는 물고기의 종류는 서로 다를 것이며, 이들이 물고기를 기억하는 방략도 다를 것이다.

셋째, 학습은 발달을 주도한다. 학습과 발달은 서로 복잡하게 관련되어 있는 과정이다. 비고츠키는 특정한 인지발달을 위해서 성숙이 전제되고 있지만, 성숙이 전적으로 발달을 결정하는 것은 아니라고 본다. 또한 그는 새로운 정보를 학습하려고 하는 유아의 능력을 제한하는 발달적인 선행조건이 존재하나, 학습이 발달을 촉진시키며 발달을 일으키는 원인으로도 작용한다고 본다.

넷째, 언어는 정신발달에 핵심적 역할을 한다. 비고츠키의 이론에서 언어는 사고를 더욱 추상적이고 융통성 있고 즉각적인 자극들로부터 독립적인 것으로 만드는 역할을 한다. 언어는 유아들이 상상하고, 조직하며, 새로운 생각을 만들어 내고, 만들어 낸 생각들을 다른 사람들과 나누는 것을 가능하게 한다.

5) 생태학적 체계이론

생태학적 체계이론은 유전적 요소, 가정의 역사, 사회경제적 수준, 가정생활의 질, 문화적인 배경과 같은 요인들이 발달과 관련된다고 보고 있으며, 인위적인 실험실 연구가 아닌 실제 삶의 맥락 내에서 행하고 연구하고자 하는 접근을 취한다. 대표적인 학자는 브론펜브레너(U. Bronfenbrenner, 1917~2005)로, 이렇게 포괄적인 관점에서 아동의 발달을 이해하고 올바르게 도움을 주기 위해 아동을 둘러싼 사회문화적 관점으로 이해하고자 미시체계, 중간체계, 외체계, 거시체계, 시간체계라는 다섯 가지로 구분하여 제시하였다.

(1) 미시체계(microsystem)

미시체계는 중앙의 가장 안쪽에 있는 개인의 중심환경이다. 아동에게 직접 영향을 주는 가족이나 또래 등 근접한 환경이다. 미시체계는 대부분 부모, 친구, 교사와 같은 주변 사람과 직접적인 상호작용을 한다. 아동의 기질과 성격은 환경의 영향을 받는 수동적인 존재가 아니라 환경을 구성하는 능동적인 주체로 성장하면서 변화한다. 아동과 관련된 사회문화적 요인에 관한 연구 대부분이 중앙에 있는 미시체계에 초점을 맞추고 있다.

(2) 중간체계(mesosystem)

중간체계는 두 개 이상의 환경과 상호관계 단계이다. 즉, 아동의 부모의 학교 참여와 가정학습, 부모 혹은 교사와의 관계, 부모와 형제관계, 부모와 이웃과의 관계 등이다. 이 체계들 간의 관계가 밀접하면 할수록 아동의 발달은 순조롭게 진행되지만, 그렇지 않을 경우 원활한 상호작용이 이루어지지 않아 발달에 영향을 미친다.

(3) 외체계(exosystem)

외체계는 아동과 직접적인 상호작용은 하지 않으나 미시체계에 간접적으로 영향을 미치는 사회적 환경이다. 가족과 친구, 부모의 직장, 사회복지기관, 교통, 대중매체 등이 포함된다. 아동은 이러한 환경 체계에 직접 참여하지 않지만 활동 영역에 여러 가지 제한을 받게 되므로 아동에게 미칠 환경 조성 시 신중하게 고려해야 한다.

(4) 거시체계(macrosystem)

거시체계는 미시체계, 중간체계, 외체계에 포함된 모든 요소뿐만 아니라 문화적 환경, 대중이 갖는 사회적 관심과 유행 등 생활양식까지 포함한다. 거시체계 요인들은 대부분 비형식적인 것으로 사회의 가치관, 도덕관, 사회의 정책 등은 신념, 태도, 전통 등을 통해 아동의 발달에 영향을 미친다. 거시체계는 일반적으로 다른 체계보다 안정적이지만 때로는 사회변화에 따라 매우 강력한 변화를 발휘한다.

(5) 시간체계(chronosystem)

시간체계는 시간적으로 한 시점의 사건이나 경험이 아닌 전 생애를 걸쳐 일어나는 변화와 사회 역사적 환경을 의미한다. 어떤 시대에 출생하여 성장하였는가, 형제의 출생, 이사, 부모의 이혼 등의 중대한 사건은 아동과 환경 간의 관계를 변화시킬 뿐만 아니라 발달에 영향을 준다. 인간의 전 생애에 걸쳐 일어나는 변화와 사회, 역사적인 환경은 신체, 인지 및 인성에까지 영향을 미친다. 이러한 시간체계는 아동의 환경과 경험을 재선택·재구성해 가면서 내부의 역동적이면서 계속적인 변화를 추구한다.

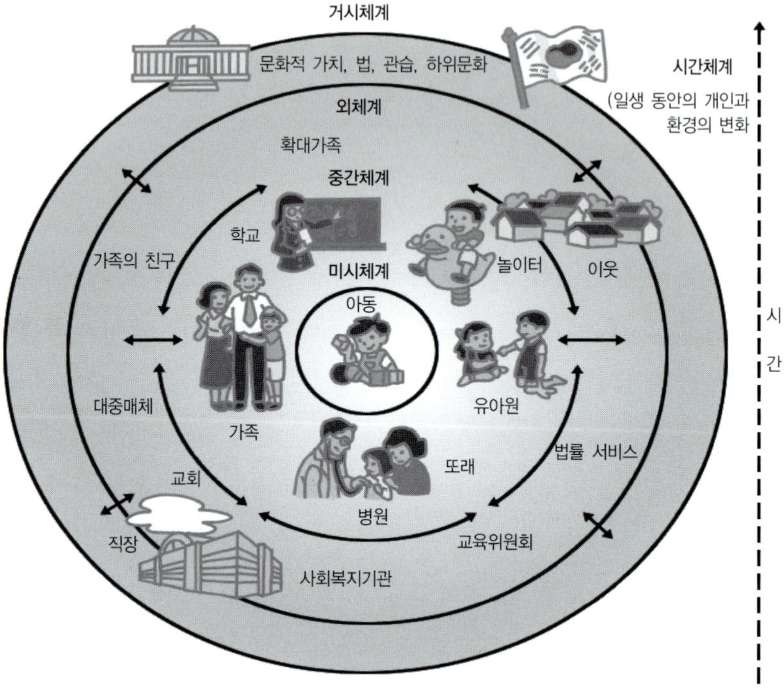

| 그림 2-6 | 브론펜브레너의 생태학적 모델

chapter

03 아동복지의 역사

1. 아동복지의 발달배경

아동문제를 해결하기 위한 전문적 아동복지의 출현은 20세기에 들어서면서부터 시작되었다. 역사적으로 아동문제 해결책은 가능한 한 문제의 원천을 봉쇄하고자 전근대적인 피임, 유기, 유산, 유아살해 등의 방법들이 다양하게 횡행해 왔음을 찾아볼 수 있다. 그러나 이러한 행위는 사회사상이나 이념의 발전과 변화로 인하여 점차 감소되었으며, 대표적인 이념으로는 인본주의와 기독교 사상을 들 수 있을 것이다. 이들의 등장으로 인하여 이전에 수용되었던 아동문제 해결방법의 부당함과 아동생명의 경시는 곧 범죄임을 인식하면서 아동복지가 개인적 의무에서 종교적 의무로, 시민적 의무로 발전하게 하는 원동력이 되었다.

이러한 인도주의적 이념을 강화하고 지원할 수 있었던 배경으로 사회의 경제적 · 정치적 변화를 들 수 있을 것이다. 역사적으로 경제적 상황이 어려울 때는 아동에 대한 보호를 실현하기가 어려웠다. 그러나 산업혁명을 토대로 증대된 생산력은 다수의 요보호아동을 돌볼 수 있는 여력으로 연결되었고, 정치적으로도 투표권 등 시민적 권리가 빈곤계층의 부모를 망라하여 모든 국민에게 부여되었기 때문에 아동의 욕구를 충족시킴으로써 사회의 불안이나 불균형의 위협을 감소시킬 수 있다는 현실적인 인식 또한 아동복지를 발전시키는 데 기여하였다.

카두신과 마틴은 이러한 시대적 분위기를 여덟 가지로 정리하였다(윤매자 · 신혜경 · 주정현, 2012; Kadushin & Martin, 1988).

① 인본주의 이념과 함께 발전하였다. 아동문제 해결을 위한 대안보다 기존의 아동문제의 해결방법을 거부하였던 배경으로, 기독교의 생명존중사상과 18세기 이후의 계몽주의는 아동의 복지를 개인적 의무에서 종교적 또는 시민적 의무로 인식하는 원동력이 되었다.

② 인도주의적 이념이 강화되었다. 산업혁명을 토대로 한 경제발전과 아동의 문제를 사전에 예방해야만 미래의 사회적 짐을 줄일 수 있다는 인식과 더불어 투표권이 빈민에게까지 확대되어 이들의 욕구와 이익에 관심을 기울일 수밖에 없는 정치적 상황이 아동복지 발전에 기여하게 되었다.

③ 아동기가 인간의 성장과정에서 중요한 시기이며 아동을 특수한 성질, 독특한 욕구와 능력을 가진 인구집단으로 인식하기 시작하였다. 평균수명의 연장이나 경제발전에 힘입어 아동에 대한 관심의 증가로, 부모에게 아동기가 중요한 시기로 인식되면서 아동의 다양한 욕구를 충족시키기 위해 아동복지서비스에 대한 필요성이 크게 증가하였다.

④ 가족과 이웃의 기능 쇠퇴로 사회제도의 전문화가 요구되었다. 즉, 과거에는 부모가 감당하지 못하는 아동복지 문제를 이웃이나 친인척, 지역사회 구성원들이 상호원조를 통해서 해결해 왔으나, 산업화와 도시화는 전통적 가족기능을 상실하게 하였고, 사회원조기능을 하던 종교단체나 직장조합도 각각 종교와 직장의 문제와 법이 필요하게 되었다.

⑤ 사회 내에서 가족과 아동이 차지하는 지위가 향상되었다. 과거에는 가족보다도 사회, 국가, 교회, 군대, 동료집단, 조합, 직업 등에 1차적인 관심과 충성심을 보여야 했지만, 현대에 와서는 가족이 그 무엇보다 중요한 삶의 중심이 되었고, 그 결과 가족 구성원인 아동의 중요성도 함께 증가하여 아동복지의 발전에 기여하게 되었다.

⑥ 사회가 저출산과 고령화로 변화하면서 부모와 자녀의 정서적 애착관계가 보다 친밀하고 강화되었다. 과거에 비해 의료기술의 발달로 자녀의 사망에 대한 두려움이 없어지고 아동과 깊은 정서적 애착관계를 형성할 수 있도록 보다 신중하고 계획된 출산을 하게 되었고, 그러므로 아동의 가치를 더 존중하게 되었다.

⑦ 과학적 지식의 진보는 아동복지와 학문적 영역과 전문직을 탄생시켰다. 프로이트 이후, 여러 학자들은 아동기를 연구의 대상으로 주목하기 시작했고, 궁극적으로는 아동발달과 아동복지와 관련된 새로운 학문과 전문직이 개발되기에 이르렀다. 그 결과 아동기의 중요성을 강화시키는 역할을 하였으며, 아동기 연구가 아동복지와 관련하여 새로운 학문과 전문직을 발전시키는 데 기여하였다.

⑧ 아동의 법적 지위가 향상되었다. 즉, 과거에는 자녀를 성인의 소유물로 여겼으나 다양한 사회변화에 따라 아동이 특별한 관심을 받게 되면서, 1954년 11월 국제연합총회에서 아동권리선언이 채택되었으며, 더 나아가 UN 아동권리에 관한 국제협약(1989)이 채택되어 아동을 단순히 보호를 필요로 하는 대상이 아니라 권리의 주체로서 인정하고, 아동 최선의 이익이 1차적인 기준이 되어야 함을 법적으로 명시하여 아동의 법적 지위를 높여놓았다. 이 법은 강제성은 없지만 국내법과 동일한 효력이 발생하므로, 많은 국가들이 아동복지서비스와 아동복지제도를 개선시키는 데 크게 기여하는 계기가 되었다.

2. 외국의 아동복지 발달사

1) 영국의 아동복지 발달사

영국의 아동복지는 산업화가 진행되기 시작한 것을 기점으로 근대 이전과 이후로 많은 변화를 겪었다. 산업화 이전에 아동은 성인과는 다른 존재로 열악한 처지에 놓여 있었다. 아동은 영주들에게 있어 오직 노동력과 군사력으로 인식되었고, 대부분의 아동은 성인의 소유물과 같이 취급되었다.

1601년 엘리자베스 구빈법의 제정으로 성인뿐만이 아니라 고아나 빈곤가정의 아동을 보호의 범위에 포함시켜 아동보호의 원칙이 세워졌다. 한편 영국의 산업혁명 가속화는 도시의 빈민아동을 증가시켰고, 가정에서의 자녀양육기능이 약화되었으며 아동이 방임 상태에 놓이는 예가 증가하였다. 다행히 1780년경부터 일요학교(유아학교)가 설립·보급되어 영국에서의 공교육의 기틀을 마련하는 계기가 되었다. 1880년 말에 아동학대예방협회와 아동학대방지법이 제정되었다.

1945년 정부는 아동의 실태를 파악하고 그 문제점을 개선하기 위해 위원회를 조직하여 아동복지행정의 집중도를 높이고 정상적으로 가정생활을 영위할 수 없는 아동에 대한 대책을 강구하였다. 또한 가족수당법을 제정하여 경제적·사회적 지위에 관계없이 한 가정에 자녀가 둘 이상이면 16세 미만의 아동에게는 1인당 매주 수당을 지급하였다. 그 후 1974년에는 가족수당제도의 개선책으로 아동수당법을 제정하여 모든 아동을 대상으로 수당을 지급하였다.

영국의 아동복지가 제도적으로 확립된 것은 1948년 아동법의 제정부터라고 볼 수 있다. 양친이 없는 아동, 유기아동, 부모와 떨어져 사는 아동, 아동부양능력이 없는 부모의 자녀들은 지역사회와 공공단체가 부모의 역할을 담당해야 한다는 개념이 확립되었다. 이 법의 목적은 사회보장제도에 의한 가정의 유지 및 강화를 기본 원리로 아동을 가능한 한 정상적인 가정환경에서 보호하는 데 있다. 이를 위해 국가는 아동에 대한 공적 책임의 명확화와 통일된 행정체제 확립, 아동의 개별적 요구 중시, 가정의 존중 등의 방침을 채택하였다.

1960년대까지 아동의 신체적 학대는 영국에서는 개인병리적 관점으로 여기다 1970년대에 와서는 사회구조적 관점, 즉 아동학대는 사회적 불평등 및 빈곤과 관련된다는 주장이 제기되었다. 영국은 1970년 후반부터 '국가개입주의(paternalism)'를 도입하였고, 국가에 의해 아동을 가족으로부터 보호하는 조치와 대체보호가 다시 강조됨에 따라 '아동복지 최우선의 원칙'을 1975년 아동법 개정에 반영하게 되었다.

또한 1980년대 영국의 아동정책은 국가개입주의, 가족보호, 아동권리, 자유방임 등을 반영하는 실용주의적 관점으로 변화되어 연합적 관계를 형성하게 되었으며, 이를 계기로 1989년 아동법이 개정되어 가장 포괄적이고 획기적인 아동보호법으로 평가받으면서 현재까지 영국 아동정책의 근간이 되고 있다. 또한 1991년 '부모헌장'을 제정하여 아동교육에 대한 부모의 권리, 선택, 책임을 명시함으로써 적절한 부모역할에 대한 관심을 표명하였으며, 1997년에는 가난하고 소외된 아동을 위한 복지정책으로 '슈어스타트(Sure Start)'를 실시하여 0~14세의 아동 및 부모를 대상으로 아동에게는 보육과 교육 서비스를 제공하고, 부모에게는 일자리를 갖도록 하여 자녀를 양육할 수 있도록 가족 단위의 서비스를 지원하였다. 또한 국가의 교육적 혜택으로 1998년부터 만 4세 아동의 무상교육을 실시하였고, 이후 2004년에는 만 3세까지 확대하였으며, 빈민 지역의 경우에는 만 2세까지 무상교육을 제공하고 있다. 그리고 2003년부터 자녀를 양육하는 가정의 조세부담 경감을 위해 '아동조세공제(child tax credit)'가 실시되고 있다(이한우 · 정정란, 2012).

2) 미국의 아동복지 발달사

미국의 국가 기틀은 영국 청교도의 집단이주자들로부터 갖추어졌기 때문에 영국의 사회복지제도의 영향을 받아 영국에서와 마찬가지로 구빈원에서 원내보호와 원외보호로 나누어 실시하였다. 원내보호는 성인과 아동을 혼합수용하여 아동에게 폐해가 있었으며, 원외보호는 구빈법 이전부터 실시되어 오던 고용위탁제도가 제도화된 일종의 보호청부제도와 같이 실시되어 아동의 노동력에만 관심이 있었을 뿐 아동의 보호와 교육에는 관심을 주지 않았다.

18세기에 들어와서 아동을 분리・수용하는 고아원이 설립되고, 비행아동에 대하여 보호만 하는 것이 아니라 종교교육과 일반교육을 실시하는 방향으로 발전하였다.

미국 아동복지 체계의 초기에는 종교단체에 의해 설립・발전되었으나, 1850년대 이후 시설보호가 아동의 건전한 발달에 별로 도움을 주지 못한다고 판단하여 가정에서의 보호를 모색하기 시작하였다. 최초의 시설 외 보호를 채용한 뉴욕아동구호협회가 1853년 뉴욕에 창설되었고 빈곤가정아동을 위한 위탁사업을 실시하였다. 주로 뉴욕의 노숙아동과 요보호아동을 중서부 지역의 농가로 보내는 활동을 전개하였으나, 서부로 보내진 아동이 적절한 양육환경을 찾지는 못했다는 비판도 받았다. 초기 미국의 위탁가정 운동은 아동의 의식주와 자립기회를 제공해 줄 가정을 찾아 연결해 주는 과업에만 전념하였으며, 아동이 위탁가정을 선택하는 것이 아니라 주로 위탁가정의 필요에 따라 위탁가정의 보호가 결정되었다(장인협・오정수, 2003).

1909년 백악관 회의는 부모역할과 가정생활의 중요성을 언급하여 미국의 아동복지 증진에 정부의 책임을 강조하기 시작하였고 복지정책이 수립되는 계기를 만들었다.

미국의 아동복지사업이 국가적인 체계를 갖추기 시작한 것은 1935년 제정된 사회보장법(Social Security Act)부터였으며 '보호아동부조 프로그램(ADCP : Aid to Dependent Children Program)'이 포함되어 있다. 이 프로그램은 보호를 요하는 아동이 그의 가정 또는 친척집에 머무를 수 있도록 주 정부에서 보조금을 지원하는 것으로, 가정이 없는 아동, 보호가 필요한 아동, 방치된 아동, 비행의 우려가 있는 아동에게 주 정부에서 연방정부의 보조금제도를 실시하는 것이다. 또한 1960년대 이후 경제성장을 배경으로 나타나게 된 도시 빈민층 자녀에게 교육과 건강을 지원하기 위해 1964년 '헤드스타트(Head Start) 프로그램'과 '푸드스탬프(Food Stamp) 프로그램'을 실시하였다. 이후 아동복지 관련법으로서 1974년에는 가출아동에 관한 소년법, 청소년 처우 및 비행예방법, 아동학대 예방 및 처우법 등이 제정되었고, 1980년에는 입양관련법이 입법화되어 아동복지제도의 체계를 갖추게 되었다.

1985년에는 아동노동법이 제정되어 14세 이하의 아동에 대한 근로금지 조항, 야간작업 금지, 노동시간 제한, 학교에 출석하도록 배려하는 것 등 근로아동에 대한 복지정책이 마련되었다.

3) 스웨덴의 아동복지 발달사

스웨덴은 13세기에 들어서서 농촌인구의 격감, 새로운 계층의 형성 등으로 봉건제도가 무너지기 시작하여 영주로부터 이탈한 피지배계층이 빈민으로 전락하여 사회문제가 되었다. 1853년의 구빈법이 제정되면서 체계적인 구빈제도가 확립되어 구빈에 대한 국가의 책임을 명시하였다. 스웨덴의 구빈법은 영국으로부터 많은 영향을 받았다. 이 법에서 원칙적인 구빈대상은 15세 이하의 아동과 병자, 폐질환자인 노동무능력자로 규정하였다(김호년 외, 2012).

근대화가 가속되면서 스웨덴에서도 계속적인 산업화에 따른 사회구조의 변화, 노동조건의 악화 등 사회문제가 대두되었는데, 1881년 노동금지법이 제정되면서 아동을 저임금과 장시간 노동으로부터 보호하였다. 이는 단지 비인간적인 대우에서 구해준다는 것 외에 노동력의 질적 향상을 도모하기 위한 의미도 있었다.

스웨덴의 아동복지는 1869년 사회민주당이 결성되면서 사회복지정책이 강력한 추진력을 가진 이후부터 시작되었다고 할 수 있다. 1901년에 노동자 화재보상법이 제정되어 아동복지 측면에도 영향을 주어 청소년 비행에 대한 제도를 마련하고 사회복지의 계기도 되었다. 1902년에는 입양아동의 건강과 보건을 위한 입양법을 제정하여 미혼부모의 아이들의 합법적 입양과 사후관리로 입양 후 정상적인 성장을 지원하였다. 1924년 비로소 아동복지법이 제정되면서 아동이 독립된 법규에 의하여 보호되었다. 아동복지법에 의해 아동과 청소년의 보호를 위한 기관이나 시설의 관리 및 설치 추진을 위한 아동복지위원회가 설립되어 아동복지기관의 업무를 감독하였다.

스웨덴의 사회복지정책의 성립기는 1930년대 이후로 볼 수 있다. 1930년 세계 경제대공황을 전후하여 스웨덴에서도 출산율 저하로 인한 아동과 모성, 학교급식에 대한 국가보조가 본격적으로 실시되었으며, 1938년 '모자보건대책', 1955년 '출산수당'으로 발전하게 되었다. 또한 장애아학교법(1952)이 제정됨에 따라 16세 이상의 모든 국민이 보험 혜택을 받게 되었고, 1981년에는 오늘날 스웨덴 사회복지의 근간이 되는 사회사업법이 시행되었다.

아동보호정책으로 아동수당은 신체장애자나 연금지급자의 자녀, 한부모자녀에 한하여 지급되었으며, 이혼으로 부모가 자녀의 양육비를 지급하지 않을 경우 국가가 대신 지불해 주었다. 또한 임산부와 신생아에 대한 상담, 치료, 출산 전후의 휴양, 남편의 군복무기간 중 지급되는 양육수당 등이 있다. 또한 여성의 사회참여를 촉진하기 위해 출산휴가제도와 생후 6개월부터 학교입학 전 6세까지 부모가 일하는 동안에 아동을 맡길 수 있는 보육시설, 학교 다니는 아동이 방과 후에 몇 시간을 보낼 수 있는 여가선용의 집, 자신의 집에서 아이들을 맡아서 돌봐주는 가정보육시설, 아플 경우에 간호해 주는 아동간호사제도 등이 있다.

장애아동을 위한 교육적 조치로는 1952년 장애아학교법(The School Act If Handicapped)의 규정에 따라 7~16세의 모든 어린이에게 교육의 기회를 부여하였다.

그 밖에 정부에서 지원하는 아동복지정책으로는 보육시설의 운영에 대한 보조를 실시하고 있으며, 아동이 여가를 즐길 수 있도록 캠프를 마련하고 아동복지 전문인력을 양성하기 위해 많은 노력을 하고 있다.

또한 1973년 학령전교육법 제정으로 아동보육제도가 보편적 복지서비스로 전환되었고, 1977년 개정으로 지속적인 아동보육의 시설확충과 부모의 취업 여부에 상관없이 12세까지 보육대상이 확대되었다. 그리고 1995년부터 모든 시에서는 1~6세 아동을 위한 탁아소나 가정탁아서비스를 제공하고, 6~12세 아동을 위한 방과 후 보호서비스를 의무화하는 등 취업모에게 필요한 각종 대리양육제도를 구비하여 제공하고 있다. 1993년에는 아동과 청소년의 권리를 보장할 목적으로 '아동옴부즈맨사무소'를 설립하였고, 스웨덴 민간단체의 '아동권리보호협회'에서는 '어린이전화'를 운영하여 어려움에 처한 아동에게 상담창구의 역할을 하고 있다. 또한 아동과 청소년을 위한 재정지원으로 16세 이하의 모든 아동에게 주어지는 아동수당 외에도 '부모보험보조', '부양대출', '아동연금', '장애아동 보호수당' 등을 지원하고 있다.

더불어 스웨덴에서는 자국에서 벗어나 중동지역과 유럽지역에서 발생하는 여러 가지 긴급상황에 처해있는 16세 이하의 난민아동을 위한 '긴급수용보호서비스'도 실시하고 있어 스웨덴의 복지수준은 사회보장의 최소한의 기준선을 넘어선 것으로 평가받고 있다.

4) 일본의 아동복지 발달사

일본의 아동복지는 불교가 전래된 6세기 초에 불교의 자비를 규범으로 시작되었다. 특히 불교신자, 왕가 및 귀족이 자선사업에 앞장서 아스카시대(593~710)에 빈민 및 고아를 수용·구제하는 공적인 빈민제도로 출발하였다. 또한 일찍부터 국가주도에 의한 계획적이고 조직적인 아동복지가 실시되었다. 명치시대에는 '기아양육미급여방'을 정책으로 하여 자녀를 세 명 이상 출산한 빈곤가정의 어머니에게 쌀을 지급하도록 하였다. 이후 전국적 규모의 빈민구제정책이 필요함에 따라 1874년 공적인 구빈법인 '휼구규칙'이 제정되었다. 이 규칙은 친족 및 공동체의 상호부조를 원칙으로 하지만 여의치 않을 경우에는 국가가 구제함을 명시하였고, 구제대상을 극빈자로 하되 폐질환자, 노약자, 중병자와 13세 미만의 고아를 포함한 제한된 빈곤

대책이었다. 명치시대 후기에는 산업발전과 더불어 선교사의 가세로 활발한 아동복지사업이 전개되기 시작하였다. 1872년 '학제'가 공포되었고, 1886년 '대용간이소학교제'의 정부인준을 통해 전국의 빈민아동을 위한 교육을 제공하기 시작하였다.

명치 후기에 들어서는 산업이 발전됨에 따라 아동복지사업이 활발하게 이루어지기 시작하였다. 1887년 처음으로 고아원이 설립되었고 빈곤가정의 아동을 돌보기 위하여 기독교 선교사들에 의해 1900년에 후다바 유아원이 설립되었다. 이 유아원의 기능적 성격은 오늘의 보육소와 흡사하였다. 그 후 계속 민간독지가에 의해 보육소가 설립되었으며, 1918년 이후에는 공립보육소도 설립되기 시작하였다. 1929년에는 상호부조를 기초로 한 공적 구빈법으로서 구호법이 제정되었다. 이 법에는 휼구규칙에서 불분명했던 구호방법으로서 구호기관과 구호내용에 관한 사항을 규정하였으며, 그 대상으로 임산부가 더 포함되었다.

1945년 제2차 세계대전에서 일본이 패망하자 보육소의 수요는 급격하게 늘어났으나, 주로 민간의 힘에 의존하였다. 1947년 아동복지법과 교육기본법 및 학교교육법에서의 의무교육제도 실시를 통하여 급속한 발전을 거쳐서 오늘날 일본 아동복지사업의 주종을 이루게 되었다.

일본에서 아동문제를 다루는 법률로 아동복지법(1947)을 비롯하여 모자보호법(1937), 아동부양수당법(1961), 특별아동부양수당의 지급에 관한 법률(1964), 모자보건법(1965), 정신박약아동복지법(1965), 모자 및 과부복지법, 아동수당법(1971) 등이 제정되었으며, 1997년에는 50년 만에 아동복지법이 전면개정되었고, 2000년에는 아동학대 금지법이 새롭게 제정되었다.

3. 우리나라의 아동복지 발달사

우리나라 아동복지의 발달사는 조선시대 이전의 전통사회 보호사업과 광복 전까지의 근대사회 아동복지, 해방 후 오늘에 이르기까지의 현대 사회 아동복지로 구분할 수 있다.

각 시대의 변화에 따라 아동복지의 이념, 서비스의 형태, 대상, 내용, 법과 제도 또한 다양하게 변화되어 왔다.

1) 전통사회의 아동복지

전통사회에서의 아동은 하나의 인격체로 존중되지 않고, 가계를 계승하기 위한 수단으로 여겨졌다. 자손이 없을 때에는 양자를 삼아서라도 가계를 잇기 위해 엄격한 가계주의를 취해왔다. 전통사회의 아동복지는 고아, 자연재해로 인한 기아 등에 대하여 규휼적 차원에서 이루어졌다.

(1) 삼국시대

『삼국사기』에 의하면, 신라 제3대 유리왕(28년) 때에 환과고독노병(홀아비, 홀어미, 고아, 아들 없는 이, 늙은이, 병든 이)을 요보호대상자로 정해 무료급식과 양육을 왕명으로 하였으며, 백제 온조왕 33년(15년), 고구려 태조왕 56년(198년)에 아동을 포함하여 재해를 당한 사람들에게 관곡을 배급하였다고 기록되어 있다(공계순 외, 2006).

(2) 고려시대

고려시대는 신분차별이 있는 계급사회였기 때문에 고아를 자기 가정의 노비로 삼는 경우도 있었으며, 민가에서 수양을 빙자하여 고아에 대해 인신매매, 유괴, 약탈 등을 일삼기도 하였다.

또한 불교의 영향으로 자비사상에 입각하여 사찰 위주의 위탁형태의 보호가 이루어졌다. 병란과 흉년으로 인한 기아, 고아, 빈곤아동 등을 사찰에서 수용·양육하여 승려 또는 사역승으로 양성하는 일이 성행하였는데, 민가에서도 이러한 아동을 양육한 후에 양자녀 또는 노비로 삼았다.

성종 10년(991년)에는 부모나 친족이 없는 아동에게 관에서 양곡을 주어 구호하고, 성종 13년(994년)에는 왕명으로 이러한 어린 고아는 10세까지 관에서 수용·양육하였으며, 10세가 지나면 본인의 희망에 따라 거주하도록 하였다. 하상락(1989)은 이것을 우리나라의 고아를 위한 시설구제의 효시라고 말하였다. 그 후 충목왕은 해아도감을 설치하여 유아들을 보호·양육하였다.

고려시대는 엄격한 신분차별을 지키는 계급사회로 민가에서는 양육 후에 대개 양자녀 또는 노비로 삼았다. 고아의 민가수양을 빙자한 인신매매나 유괴 등의 폐단도 있었다. 또한 『고려사』에 보면, 10세까지의 아동에게 소고무양육자(少孤無養育者)를 관가에서 수양하다가 연한이 지난 후에는 거처를 정하여 준 예를 찾아볼 수 있다.

(3) 조선시대

조선시대에는 국가를 운영하기 위한 각종 법들이 만들어졌는데 고아와 기아 및 빈곤아동에 대한 법령도 제정되었다. 현종 2년(1561년)에 요보호아동 보호에 관한 법령이 제정되어 유아에 대한 관부의 허가제에 의한 민가수양이 실시되었다.

숙종 22년(1696년)에는 수양임시사목이 제정되어 흉년에 일시보호를 실시하였다.

이어 영종 20년(1774년)에는 동사목이 속대전 속에 편찬되어 제도가 더욱 확립되었으며, 정조(1783년)는 이러한 일련의 제도를 집대성한 『자휼전칙』을 제정하여 유기 및 부랑걸식 아동을 보호하였다.

자휼전칙의 9개 절목을 살펴보면, 나이 및 구제기간, 행걸아 구제에 있어서 1차적으로 친족책임의 원칙, 행걸아 구제방법, 유기아의 발견 및 보고절차, 유기아 구휼에 있어서 젖어미제도, 행걸아·유기아 입양과 추거, 행걸아·유기아의 죽 먹고 젖 먹이는 절차와 진휼청 난관에 의한 사후감독, 의복과 의료시행을 포함하고 있다.

수양임시사목이나 자휼전칙은 유기 및 부랑걸식아를 절대적으로 보호하기 위하여 국가에서 수용·보호하거나 민가에서 수양하여 양자 또는 노비로 삼는 것을 그 정황에 따라서 허가하려는 취지였다. 이러한 근본정신은 영국의 엘리자베스 여왕의 구빈법(1601)의 취지와 일맥상통하다고 할 수 있다.

이처럼 전통사회에서의 아동은 가계 계승을 위한 수단이었으며, 국가는 고아와 기아 및 빈곤아동의 보호를 수양제도로 개입하였으며, 민간 차원에서도 이를 장려하였다.

2) 근대사회의 아동복지

근대사회의 아동복지는 조선시대 말부터 해방 이전까지의 기간 동안의 아동보호 및 구호사업을 의미한다. 조선시대 말인 1894년 갑오개혁 이후에는 외국의 선교사들이 입국하면서 포교를 위한 구호와 교육사업이 실시되었다. 대한제국기의 격동기였던 일제강점기에는 식민지통치 수단으로 부랑아들에 대한 수용·보호가 있었다.

1855년 프랑스인 메스트르(Maistre) 신부는 '영해회'를 조직하여 고아구제사업을 실시하였는데 이것이 근대적 육아사업의 효시라고 할 수 있다. 그 이후 1880년에 프랑스 장 블랑(Jean Blanc) 신부가 한양에 양로원과 고아원을 설립하였다. 1888년에는 '영해회'가 종로의 수녀원 부속 고아원을 설립하여 양육사업을 시작하였다. 한국인에 의한 최초의 고아원은 1906년 3월에 이필화가 설립한 경성고아원인데, 황실하사금과 정부보조금으로 설립되었고 이는 근대적인 영유아 복지사업의 발판이 되었다(윤혜미·김혜래·신영화, 2005).

영해회의 사업내용

기아, 고아, 부양능력이 없는 가정의 아이를 대상으로 자립기술을 실시하여 12세가 되면 본인이 자유의사로 진로를 선택하게 하였고, 아동양육에 철저한 지도와 감독을 하였다는 점에서 근대 아동복지사업의 시작으로 평가할 수 있다. 1866년 병인박해로 영해회의 영유아보육사업과 기아・고아 구제사업은 중단되었다.

1910년 한일병합 이후 총독부는 제생원이라는 수용시설을 설립하여 빈곤아동과 맹아들의 자활을 도왔고, 사회과가 신설되면서 보육원의 수가 점차 증가하여 1934년에는 96개소로 늘어났다. 1923년 공적 비행청소년 감회구제시설인 영흥학교가 설립되고 총독부 직영으로 운영되면서 사회사업의 범위가 확대되었다.

제생원의 사업내용

제생원은 조선총독의 감독하에서 고아양육과 농・맹아의 교육 및 아동보호를 담당하였다. 양육부는 만 8세 아동부터 12세까지 아동을 입소시켜 양육하였고 유유아는 가정에 위탁하여 양육하였다. 입소아동은 4년 보통과에 입학하여 수료하면 실습과에 들어갔고 이후 직업을 가지는 것을 원칙으로 자활농민 양성을 목적으로 하였다. 1939년 총 직원 수는 20명 정도였고 아동은 286명이 수용・보호되었다.

총독부 시기에는 우리나라 천도교에서 소년운동이 일어났는데, 소파 방정환을 주축으로 '조선소년운동협회'를 조직하고 아동의 권리운동을 전개하였으며, 마침내 1923년 5월 1일을 '아동의 날'로 정하여 봉건시대의 아동관을 불식하고 시대에 맞는 새로운 아동관의 계몽에 힘썼다. '어린이'라는 순한국말을 만들어 보급하고 '어린이날'을 제정하는 등 아동문화를 확산시키는 한편, 민족독립운동의 성격을 지닌 사회운동의 성격을 띠고 있었다.

1938년 일본은 '조선구호령'을 제정하였는데 이는 본국의 구호법(1929)을 기초로 하여 모자보호법과 의료보호법을 부분적으로 부가・종합하여 제정한 법률로 1944년 3월 1일 공포・실시되기에 이르렀다. 이 시기에 총독부가 행한 사회사업서비스는 크게 농촌 탁아소사업의 활성화와 '조선구호령' 공포였다. 계절탁아소 사업은 여성의 노동력 활용 방안의 일환으로 행해졌으며, 종전 직전에는 도시지역까지 확대되었다.

조선구호령의 내용

65세 이상의 노약자, 13세 이하의 아동, 임산부, 불구, 폐질, 질병, 상병, 기타 정신·신체장애에 의해 일할 수 없는 자를 대상으로 하였다. 그러나 일본보다 12년이나 늦게 한국에 적용하게 된 '조선구호령'은 한국인에 대한 순수한 구빈을 목적으로 하기보다 전쟁을 보다 성공적으로 수행하기 위해 조선인을 학도병이나 징병, 징용의 형태로 차출하기 위한 대가로 지불한 일본의 치안상의 선심정책에 불과한 것이다.

한편 20세기 초 일제치하의 시대적 상황에서도 방정환(1899~1931), 마해송(1905~1966), 강소천(1915~1963), 윤석중(1911~2003) 등의 선각자들은 출판, 음악, 문화 활동을 통해 현대적 의미의 아동애호사상에 큰 영향을 주었으며, 창작동화, 동요 등을 발표하여 아동문예를 육성하고 대한민국 어린이헌장(1957)을 마련하는 기초를 제공해 주었다.

3) 현대사회의 아동복지

(1) 사회구호 단계

① 미군정시대

1945년 광복을 맞았으나 우리나라는 스스로 국가를 통치할 여력이 없어 미군정이 실시되었다. 광복 후 혼란한 사회 상황에서 많은 빈곤가정의 아동이 발생하게 되어 사회의 자선활동에 의한 사회사업을 권장하였으며 아동을 위한 수용·보호시설이 증가하게 되었다.

1946년에는 이우선이 최초의 고아원을 세웠으며, 그해 공포된 아동노동법규는 인도적·계몽적 원리에 따라 아동의 노동을 보호하게 되었다.

② 한국전쟁 이후

1950년 한국전쟁을 거치면서 수많은 전쟁고아, 기아 및 부랑아들이 발생하였다. 이에 국가 및 국내·외 민간단체에서는 아동보호시설을 설립하여 응급구호를 하였다. 이러한 수용시설 중심의 아동보호사업은 1950년대 급속하게 증가하여 1960년대에는 전체 사회복지시설(592개소)의 약 80%에 달하였다. 그러나 한국전쟁을 전후로 수용 아동 수에 따른 충분한 시설을 갖추지 못하여 1950년 2월 27일에 '후생시설 설치기준'을 발표하고, 모든 육아시설은 이에 준한 설비를 하도록 하고 관리를 강화하였다.

1950년대의 격동기와 1960년대의 빈곤기에 발생한 긴급구호형태의 서비스는 현재 아동복지의 시작으로 볼 수 있다. 1998년 당시 아동복지시설 272개소에 1만 7,820명의 아동이 입소되어 보호받고 있었는데, 이 중 전체 시설의 66%인 180여 개 시설은 한국전쟁 이후 1960년대에 설립된 것이다(황용규, 1999).

외국의 각종 원조단체들의 지원이 증가함에 따라 보호시설의 종류도 다양해져서 영아원, 육아원, 모자원, 부랑아 보호시설 등이 설립되었다.

외부의 원조를 바라고 너도나도 고아원을 세우는 폐단을 통제하기 위해서 시설장은 재단법인을 설립하고 시장이나 도지사의 인가를 받아 시설을 운영하도록 하였다.

또한 한국전쟁으로 인하여 한국 여성과 참정 외국군과의 사이에 태어난 혼혈아동 문제가 대두되었고 정부는 혼혈아동 해외 입양 사업을 시작하였다.

(2) 선별주의 단계(1960년대~1980년)

1960년대에 들어서면서 전쟁고아 문제는 어느 정도 해결되었으나 극심한 빈곤으로 인하여 은밀하게 자녀를 보호시설에 입소시켜 발생한 고아들이 많았다. 주로 우리 정부보다 외국 각종원조단체들에 의해 아동보호 활동이 지원되었다.

1961년 9월 31일에는 고아입양특별법이 공포되어 실시되었는데, 이 법의 주요 목적은 고아의 권리를 증진하고 사적인 입양을 할 수 없게 하며 입양 관련 단체 설립을 규제하는 것이었다. 즉, 고아에 대한 보호와 복지를 추구하는 데 조건이나 기준을 정하여 사업을 제한하는 선별주의의 단계로 볼 수 있다. 1961년에는 아동복리법의 제정으로 탁아사업이 정책적으로 실시되어 어머니들이 일하는 동안 아동의 양육을 맡아 하였다.

전쟁 후 외국 원조로 유지하던 시설들이 차차 외국 원조가 감소되면서 정부의 지원을 받기 위하여 재단 또는 사단법인을 만들었으며, 아동복리법과 1964년 제정된 사회복지법에 의거하여 기존의 법인을 사회복지법인으로 변경하게 되었다.

1970년대 말까지는 법적으로나 실제 행정에 있어 요보호아동만을 대상으로 하면서 개인적인 책임을 강조하는 잔여적 아동복지정책의 시기로 볼 수 있다.

① 아동복지 관련법 제정

1960~1970년대에는 아동복지의 근본이라 할 수 있는 아동복리법(1961), 고아입양특례법(1961), 생활보호법(1961) 등이 제정되었다. 아동복리법에서는 요보호아동에 대한 정의와 이들에 대한 국가의 보호책임을 명시하였다. 입양특례법은 가정 내 아동보호가 불가능할 경우 다른 가정에서라도 아동을 보호입양하도록 하였다. 생활보호법은 18세 미만의 아동 및 시설아동을 위한 생활보호를 지원하였다.

1960년대와 1970년대에는 국내 입양보다는 해외 입양이 활발하였다. 이 시기에 만들어진 법들은 초기에는 국가개입을 최소화하는 잔여적인 성격을 나타내다가 1970년대부터 외국의 원조 기관이 철수하기 시작하면서 아동보호에 대한 국가개입이 불가피하게 만들었다. 이후 모자보건법(1973), 입양특례법(1976), 특수교육진흥법(1977) 등이 공포되었다.

② 입양 및 탁아시설 확충

1961년 제정된 고아입양특례법은 한국전쟁의 전쟁고아를 위해 외국의 지원을 받는 민간아동복지기관의 주도적인 역할을 하였다. 입양사업을 추진하는 기관으로는 한국아동양호회(1954), 가톨릭구제회(1955), 안식교성육양회(1955), 홀트양자회(1956), 국제사회봉사회(1957) 등의 외국 민간원조단체가 있었다. 해외입양사업은 1988년 올림픽을 개최하면서 해외입양에 대한 사후 서비스가 제공되지 못한 것에 대한 반성의 시각이 형성되어 해외입양 대신 국내입양을 권장하게 되었다.

한편 아동복리법(1961)의 제정 이후 이루어진 탁아사업은 가난한 가정에서 자녀를 양육하기가 어려워 유기한 아동이 시설에 수용·보호된다는 사실을 확인하고, 이러한 아동이 가정과 부모 밑에서 성장할 수 있도록 어머니가 일하는 동안 대신 돌봐줄 시설의 필요성 때문에 추진되었다. 또한 탁아사업은 산업화 과정에서 부족한 일손을 확보할 수 있게 해줄 뿐만 아니라 가난한 가정의 경제적 지원을 위해서도 필요한 사업이었다. 탁아시설의 증설을 위해 미인가 탁아시설 임시조치령(1969)을 마련하여 재단법인이 아니더라도 탁아를 할 수 있도록 하는 동시에 어린이집이라는 명칭도 사용하였다.

(3) 보편주의 지향 단계(1980년대 이후~1999년까지)

① 1980년대

전체 아동을 위한 보편주의적인 아동복지사업은 1980년대부터 시작되었다. 1961년에 제정된 아동복리법이 1981년 아동복지법으로 개정됨으로써 보호 대상이 요보호아동으로부터 18세 미만의 전체 아동으로 확대되어 서비스의 전문화와 다양화를 지향하였다. 이와 함께 요보호아동 문제의 해결을 위한 노력에 따른 가정위탁 및 결연사업의 확대는 시설수용 위주의 아동복지로부터 서비스의 다양화를 지향하게 되었다.

그리고 1979년 한국사회복지협의회의 '아동학대고발센터'가 아동학대에 대한 사회적 관심을 모으고, 1985년 서울시립아동상담소가 공립기관으로서는 처음으로 '아동권익보호신고소'를 개설하였다. 1989년에는 '한국아동학대예방협회'가 발족되어 전국 9개 시·도 지역사회복지관 내에 '아동학대신고센터'를 개설하였다.

1989년에 정부는 아동복지법 시행령을 개정하여 새마을유아원을 아동복지시설인 탁아시설로 환원하였으며, 아울러 모든 아동을 대상으로 가정탁아제도도 마련하였다. 또한 관장 부서도 내무부에서 보건사회부로 바꾸어 복지의 보편주의를 지향하였다.

② 1990년대

산업화에 따라 여성의 경제활동 참여가 늘어나 취업모가 증가하고 가족구조가 핵가족화되면서 보육수요가 늘어나게 되었다. 1990년에는 아동복지법 시행규칙에서 시설탁아 및 가정탁아시설의 시설기준을 마련하여 보육수요를 충족시키려 하였으나, 보육사업 전문화의 필요성이 제기됨에 따라 1991년 영유아보육법이 제정되고, 아동복지법 안에 있는 보육사업을 영유아보육법에서 전문적으로 다루게 되었다. 영유아보육법을 근거로 보건복지부에서는 어린이집을 통해 보육사업을 대대적으로 시작하였다. 보육사업은 이 시기 정부의 주요 아동복지사업으로서, 보육서비스의 대상이 빈민아동에서 일반아동으로 확대되어 보편적 아동복지로 전환된 대표적 사례가 되었다.

또한 1990년대 이후 청소년 관련법에 관한 정비도 활발히 이루어져 청소년육성법이 청소년기본법(1991)으로 개정되었고, 청소년보호법(1997), 청소년 성보호에 관한 법률(2000)이 제정되었다.

1991년에는 UN아동권리협약을 비준했으며, 1990년대 들어와서 사회복지관이 양적으로 증가하면서 지역사회 내의 청소년문제를 예방하고 해결하기 위한 전문적인 실천 방법으로 학교사회사업을 도입하게 되었다. 1997년부터는 삼성복지재단이 학교사회사업에 대한 지원사업을 전개하면서 학교사회사업학회의 창립을 낳았고, 학교사회복지사의 활동으로 학교사회사업을 더욱 구체적으로 연구하게 되었다.

그러나 1997년 외환위기로 인한 IMF 구제금융과 사회적인 문제는 아동들의 복지시설 입소사례와 많은 아동복지적 요구를 발생시켰다. 빈곤과 실직으로 인한 가정불화와 가정파괴 등의 문제가 아동양육의 문제로 새롭게 나타났기 때문이다. 아동복지시설의 평가와 책임성 확보를 위하여, 1999년 사회복지법의 개정을 통하여 모든 사회복지시설은 3년마다 최소 1회 이상 평가받도록 명시하였다. 이는 공공재원 투입에 대한 투명성과 효율성 확보 차원에서 시대적인 요청이라고 할 수 있다.

아동복지시설에 대한 1차 평가는 한국보건사회연구원 주관으로 2000년과 2001년에 걸쳐서 진행되었다. 2000년에는 영아시설 및 아동상담소를 시작으로 실시되었으며, 2001년도에는 아동양육시설, 아동직업훈련시설, 아동보호치료시설, 자립지원시설, 아동단기보호시설, 아동종합시설, 아동전용시설로 확산되어 평가되었다. 평가가 실시됨으로써 아동복지시설의 투명성과 서비스의 질 향상을 통한 복지수준이 향상되고, 운영의 선진화, 시설에 대한 정보를 공표함으로써 수요자의 시설선택기준을 확보하였다.

(4) 권리적 아동복지 시기(2000년~현재까지)

우리나라가 1996년에 세계 정치, 경제, 질서 체제의 변화에 대한 능동으로 대응하고 선진 경제와의 협력 강화를 위해서 OECD에 가입함에 따라 보편적 수준의 아동복지 실현을 위해 노력하게 되었다. 이후 2000년대에 들어서면서 경제위기가 다소 완화되기는 했으나 가정의 경제적 위기와 가정해체는 여전히 사회문제이며, 출생률의 저하와 고령화 사회로의 진입 등 사회적 변화를 겪고 있다. 2000년에 아동복지법이 전면 개정되면서 이후 현재까지 복지 대상의 선별성, 보편성의 문제에서 더 나아가 아동학대나 안전과 같은 전반적인 아동의 권리가 중요한 사회적 이슈로 등장하게 되었다.

2019년에는 아동정책에 대한 종합적인 수행과 아동복지 관련 사업의 효과적인 추진을 위하여 필요한 정책의 수립을 지원하고 사업평가 등의 업무를 수행하기 위해서 중앙입양원, 아동자립지원단, 드림스타트사업지원단, 실종아동전문기관, 중앙아동보호전문기관, 지역아동센터중앙지원단, 중앙가정위탁지원센터, 디딤씨앗지원사업단의 업무를 통합한 '아동권리보장원'이라는 공공기관이 출범하게 된다.

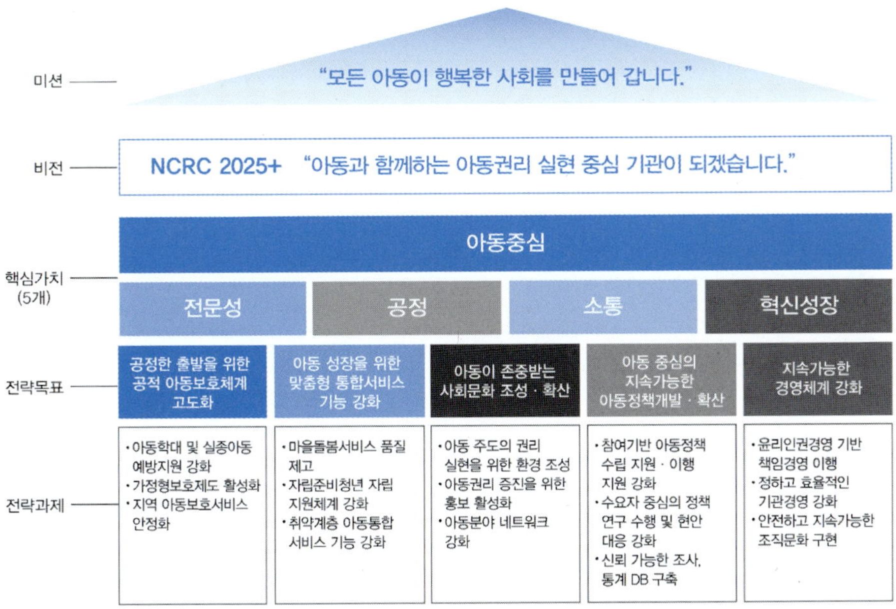

┃그림 3-1┃ 아동권리보장원의 미션과 비전

출처 : 아동권리보장원 홈페이지(2024. 1. 18. 인출).

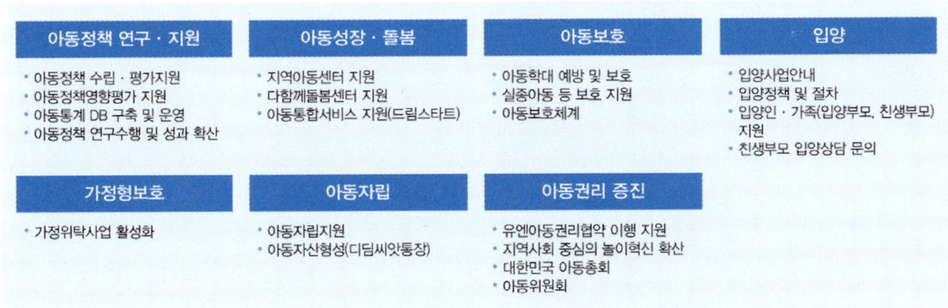

┃그림 3-2┃ 아동권리보장원의 주요 사업

출처 : 아동권리보장원 홈페이지(2024. 1. 18. 인출).

chapter

04 아동복지정책과 행정

1. 아동복지정책

1) 아동복지정책의 개념

정책(policy)이란 정해진 계획, 분명한 행동노선, 특정한 목적을 이루기 위해 필요한 행동원칙으로(김상균 외, 2001), 주로 국가 차원에서 각종 사업을 추진하기 위한 방침을 설정하는 것이다. 아동복지정책은 아동복지와 정책의 합성어로 사회복지정책의 하위영역인데, 아동을 위한 모든 국가정책 중 하나로 볼 수 있다. 따라서 아동복지정책이란 국가나 지방자치단체 또는 아동복지 관련기관이 아동의 복지를 위해서 마련하는 모든 정책, 프로그램, 정해진 계획 및 조직적인 노력이다.

그런데 이런 아동복지정책은 사회적 보호가 필요한 아동에게 사회적 자원을 할당하는 선택의 메커니즘이므로, 자원의 할당과 선택에는 아동보호에 관한 다양한 관점의 사회적 가치나 목표가 관련되어 있다.

이러한 아동복지정책에 영향을 주는 여러 가치들이 아동복지 분야에서 어떻게 고려되는지에 따라 아동복지 및 사회복지 영역에서 추구하고자 하는 정책목표는 다르게 반영될 것이다. 실제로 아동은 미성숙하므로 일정기간 동안 일정한 수준의 타인 보호를 절대적으로 필요로 한다. 그럼에도 불구하고 아동은 독립된 인간이므로 이러한 측면은 아동복지정책의 가치 선택과 적용에서 기본적인 고려 사항이 되어야 할 것이다.

또한 아동복지정책은 일반적으로 국가 차원, 지방자치단체 차원, 그 외 아동복지를 담당하는 단체나 기관에서 이루어지는 경우도 있다. 아동복지정책은 중앙정부 차원에서 이루어지는 경우가 많고, 하부조직으로 내려갈수록 정책을 수립하는 기능은 줄어들고 정책을 수행하는 기능이 늘어난다.

2) 아동복지정책의 분석

아동복지정책의 분석은 원래의 목적과 목표를 향해 프로그램이나 활동이 잘 수행되고 있는지 알아보는 것으로, 아동복지정책 형성이 이루어지는 다양한 맥락을 이해할 수 있으며, 이후 정책에 대한 평가도 함께 이룰 수 있다.

일반적으로 국가에서 행해지는 아동복지정책의 복지서비스대상이 아동뿐만 아니라 그 가족 전체의 복지를 증진시키는 데 있으므로, 아동정책이 아동의 가족 단위에 미치는 영향과 정책 프로그램이 가족 전체의 복지를 위해 얼마나 잘 수행되는가를 잘 분석해야 한다.

사회복지정책 분석의 가장 대표적인 준거로 길버트와 스펙트(Gilbert & Specht, 1986)의 준거를 들 수 있으며, 이들은 급여나 서비스의 대상, 즉 대상체계, 급여나 서비스의 형태와 내용에 해당하는 급여체계, 전달체계, 재정체계의 네 가지 준거를 제시하고 있다(이한우 · 정정란, 2012).

(1) 대상체계

대상체계(allocation)는 어떤 대상자에게 사회복지급여를 할당할 것인지 수급자격을 결정하는 것으로 보편주의와 선별주의가 있다.

대상의 자격을 결정하는 조건으로는 거주 여부나 기간, 시민권, 연령 등 인구학적 조건, 근로능력, 사회보험의 기여 여부, 소득 · 자산조사, 전문적 · 행정적 판단 등이 있다(송근원 · 김태성, 1995). 그러나 이러한 조건들은 사회통합, 소득재분배, 운영과 비용 효율성, 근로동기에 미치는 영향 등에 관한 각

국가마다의 가치관을 반영하고 있기 때문에 국가마다 서비스 수급자격이 다를 수 있다.

(2) 급여체계

급여체계는 수급 자격자에게 어떤 형태의 급여를 제공할 것인지를 결정하는 것으로 기회제공, 정책결정 참여, 사회서비스 제공, 신용제공, 물품제공, 물품교환권, 현금제공 등이 있다. 이 중 현금급여를 선택하는 기준이 되는 가치는 경제적 효용의 극대화, 소비자 주권의 보장, 인간존엄성의 유지 등이며, 현물급여는 목표 효율성의 제고, 규모의 경제 효과 활용 등이다.

우리나라 빈곤아동을 위한 복지정책의 급여·서비스 내용을 보면, 국민기초생활보장의 급여 중에서 현금형태로 제공되는 생계급여, 주거급여, 교육급여(학용품비 등), 양육비, 보육비, 장제급여, 자활급여가 있으며, 소년소녀가정 아동에게 급여되는 결연후원금이 있다. 또한 현물형태로 제공되는 것은 의료급여, 해산급여, 교육급여, 자활급여가 있으며, 그 밖에 급식이 필요한 아동에게 제공되는 급식이 있다. 서비스 형태로 급여되는 것은 지역아동센터를 통한 방과 후 보호, 학습지원, 놀이, 소년소녀가정 아동에 대한 정서적 후원, 사회복지관의 각종 사업을 통한 다양한 형태의 전문적 상담과 지원 등이 있다.

(3) 전달체계

전달체계는 급여를 효율적으로 전달하기 위하여 조직적 체계를 어떤 방법으로 설계할 것인지를 결정하는 것으로서 아동복지정책을 통하여 제공되는 재화나 서비스는 여러 영역에서 다양하기 때문에 전달체계 또한 다양하다. 전달체계의 형태로는 공공조직, 민간조직, 공공과 민간 조직의 혼합형태, 순수 민간조직이 있다.

〈표 4-1〉 아동복지 전달체계

구 분	내 용
공공조직	• 모든 국민을 대상으로 공공재를 전달할 때 유용 • 사회적 적절성과 서비스의 통합적 성취 가능 • 가격과 질 저하, 관료주의적 경직성, 접근성 곤란
민간조직	• 다양성, 선택의 자유, 창의성, 접근용이성, 융통성 • 서비스의 통합성과 지속성, 안정성 취약
혼합형태조직	• 공공조직과 민간조직의 장점 결합형태

일반적으로 사회복지 전달체계는 공공부분과 민간부분의 장점을 결합한 혼합의 전달체계가 활용되고 있다. 사회복지는 보편적으로 공공재 성격을 지니고 있기 때문에 공공부문의 역할이 필요하며, 민간부문의 장점이라고 할 수 있는 다양성 등을 함께 도입할 필요가 있어 최근 서구 복지국가에서도 혼합경제논리가 확대되고 있다.

(4) 재정체계

재정체계는 급여나 서비스의 내용을 어떤 방법으로 조달할 것인지를 결정하는 차원으로서 아동복지 실현에 필요한 재원을 공공재정 혹은 민간재정 등 어떤 방법으로 충당할 것인지 결정해야 한다. 아동복지에서 아동수당이나 저소득 아동급여는 공공재정에 의하여 충당되는 반면, 가정위탁, 입양, 보육, 아동보호서비스 등은 순수 민간재정에 의하여 운영되는 경우가 보편적이나, 아동복지서비스의 공공재원으로서의 특성 때문에 민간재정으로 운영하면서 공공재정의 지원을 받는 혼합형태가 된다.

우리나라의 빈곤아동복지 재정체계는 공공재정, 공공과 민간의 혼합형태, 공동모금형태를 가지며, 국민기초생활보장제도, 급식지원서비스는 100% 공공재정에 의하여 충당되는 반면, 보육서비스는 공공과 민간의 혼합형태로 운영되고, 불우이웃결연사업의 경우에는 민간의 공동모금에 의하여 운영되는 방식을 취하고 있다.

3) 아동복지정책의 구성

일반적으로 사회복지정책은 특성에 따라 모든 국민이 인간다운 생활을 할 수 있도록 최저생활을 보장하고, 국민 개개인이 생활수준을 향상시킬 수 있도록 제도와 여건을 조성하여 그 시행에 있어 형평과 효율의 조화를 도모함으로써 복지사회를 실현하는 것을 기본 이념으로 하는데, 우리나라에서 시행하고 있는 사회보장제도는 아동만을 직접적인 대상으로 하고 있지 않으므로 사회보장기본법 제3조 제1호에서 정의하는 '사회보장'을 중심으로 살펴본다. 사회보장이란 출산, 양육, 실업, 노령, 장애, 질병, 빈곤 및 사망 등의 사회적 위험으로부터 모든 국민을 보호하고, 국민 삶의 질을 향상시키는 데 필요한 소득과 서비스를 보장하는 사회보험, 공공부조, 사회복지서비스를 지칭한다. 여기에서는 사회보험, 데모그란트, 공공부조, 아동복지서비스를 살펴본다.

(1) 사회보험

사회보험이란 사회보장정책의 수단으로서 근로자나 그 가족을 사회적 위협으로부터 보호하기 위하여, 국가가 보험제도를 활용, 법에 의하여 강제성을 띠고 시행하는 보험제도의 총칭이다(두산 세계대백과사전, 2002). 이때 사회적 위협은 상해 · 질병 · 노령 · 실업 · 사망 등을 이른다.

사회보험제도는 국민에게 발생하는 사회적 위협으로부터 보험방식에 의하여 보호하기 위하여 국민건강과 소득을 보장하는 제도이다. 즉, 사회적 위험(사망, 노령, 장애, 질병 등)으로부터 사람들을 보호하기 위해 강제적 가입방식에 의해 운용되는 프로그램이며, 모든 가입자에게 최저한의 기초생계를 유지할 수 있을 정도의 소득을 보장해 주는 제도이다. 일반적으로 보장수준의 결정은 개인적인 생활 수준이나 기여 정도보다는 현재의 욕구에 따라 결정된다. 또한 대부분의 사회보험제도는 사회보장이나 의료보장의 형태로 보험가입자 가족 내 아동의 복지를 보장한다.

스웨덴의 경우 아동양육 부모를 대상으로 '부모보험제도'를 시행하고 있다. 부모보험제도는 기여를 전제로 하는 사회보험이나 저소득층에게는 일정 수준으로 최저보장을 병행한다. 영국도 '출산수당'과 '미망인연금'이 사회보험에 포함되어 아동에게 혜택을 주기 위한 아동복지의 기능을 하고 있다.

우리나라는 아동과 그 가족을 대상으로 특화된 사회보험은 발달하지 않았다. 그러나 국민연금과 고용보험이 모든 가구를 대상으로 한다는 점에서 아동복지정책의 한 범주라고 할 수 있다.

(2) 데모그란트(아동수당)

데모그란트(demogrant)는 개인이나 가족의 고용상태 혹은 경제적 수준에 관계없이 특정 인구학적 범주에 속한 인구계층이면, 일정액의 급여로 누구나 가지게 되는 특별한 요구에 부응하기 위한 제도이다. 데모그란트는 보편주의적 기본 원칙에 따라 모든 국민에게 조세에 의하여 일정액의 현금이나 서비스를 제공하는 방법을 의미한다. 이것은 경제적인 효과보다는 사회적 통합 효과를 추구한다. 데모그란트의 일반적인 예로 영국은 아동수당과 후견인제도를 두고 있으며, 스웨덴은 아동을 보호하는 가족을 대상으로 하는 가족수당이 있고 일본은 아동수당, 아동부양수당, 특별아동수당이 있다. 이러한 제도는 일정 소득 이하의 계층에 속한 아동을 대상으로 하고 있어 공공부조의 성격을 띤다. 우리나라의 경우 2018년 9월부터 아동수당이 도입되어 초기에는 만 6세 미만의 아동을 대상으로 도입된 이후 꾸준히 지급대상을 확대하여 2022년에는 만 8세 미만까지 확대 시행되었다.

(3) 공공부조

아동지원체계로서 공공부조의 기원은 영국의 식민지 시대로 거슬러 간다. 엘리자베스 시대의 구빈법을 통하여 정착민들에게 기금을 마련했던 것이다. 공공부조제도는 국가 및 지방자치단체의 책임하에서 생활유지능력이 없거나 생활이 어려운 국민의 최저생활을 보장하고 자립을 지원하는 제도로 최후의 안전망 기능을 수행하는 제도이다. 공공부조의 기본적인 특징은 조세를 재원으로 하며, 자산조사에 의한 개별적인 욕구의 측정과 확인을 근거로, 빈곤한 사람에게 부족한 만큼의 생계는 보충해 준다는 점에서 생존권의 논리에 기초하고 있다.

근대적 공공부조가 최초로 등장한 것은 1891년 덴마크에서이다. 그 후 여러 나라로 확산되었으나, 그 의미와 내용 및 범위 등은 나라마다 조금씩 다르며 그 용어 명칭 또한 다양하다. 미국에서는 '공공부조'라 부르고 있는가 하면, 영국에서는 '국가 부조'라 말하고, 독일이나 프랑스에서는 '사회부조' 등으로 불리고 있다.

미국 및 유럽 복지국가에서는 공공부조제도를 통해 1차적으로 소득보장의 대상이 되는 아동을 양육하는 가정의 빈곤문제를 해결하고 있는 한편, 영국의 공공부조제도는 소득지원(income support)제도를 통하여 아동을 양육하는 가정을 주요 대상으로 삼고 있다. 또한 미국의 '한시빈곤가정지원제도(TANF)'는 아동이 있는 저소득가구를 대상으로 하며 더불어 '의료부조(medicaid)'가 있다(이한우 · 정정란, 2012). 대부분의 국가에서는 일반적인 공공부조제도로서 빈곤아동가정의 기초소득보장을 지원하고 있다.

우리나라의 공공부조제도라고 할 수 있는 국민기초생활보장제도는 최저생계비 이하의 저소득층에게 국가가 기초생활을 유지할 수 있도록 보장해 주는 제도이다. 국민기초생활 보장법에서는 생계급여, 의료급여, 주거급여, 교육급여, 해산급여, 장제급여, 자활급여를 보장하고 있다. 이때 지급되는 보조금은 차액지급방식을 이용하여 모든 수급자가 최저생계비 수준의 생활을 보장받고, 소득이 낮은 수급자에게 더 많은 혜택이 돌아가도록 하고 있으나, 아직까지는 빈곤아동가구를 위한 공공부조제도는 미약한 실정이다.

(4) 아동복지서비스

아동복지서비스는 시설보호를 포함하여 아동 및 그 가족에 대한 상담, 문제예방을 위한 조사, 교육, 취약아동가구의 재가지원 등 현금과 각종 현물지원을 포함한다. 아동복지서비스로는 아동상담소, 가정상담소, 지역사회복지기관에서 제공하는 상담서비스, 학대·방임아동을 위한 보호서비스, 미혼부모·한부모를 위한 서비스, 보육서비스, 가정위탁서비스, 입양서비스, 시설보호 등 다양한 형태로 각종 서비스가 증가되고 있는 추세이다. 또한 이러한 사회서비스의 실행은 중앙정부가 아니라 지방정부로 전환되고 있다.

4) 우리나라 아동복지정책의 방향

(1) 포용국가 아동정책(2019년)

우리나라 아동의 삶은 과거에 비해 물질적 측면에서는 풍족해졌으나, 행복지수가 낮았고, 보호가 필요한 아동에 대한 국가책임도 여전히 너무 낮아 학대·유기·빈곤 등 국가의 보호가 필수적인 아동에 대해 공적 개입이 이루어지지 못하고, 민간중심의 아동보호체계가 지속되어 왔다. 또한 아동을 훈육과 양육의 대상으로 바라보고 '권리의 주체'로 인식하지 못해 아동의 목소리가 반영되지 않는 사회적 분위기가 있었다. 이에 "아이는 양육의 대상이 아니라 현재의 행복을 누려야 할 권리의 주체이다"라는 비전을 내걸고 아이에 대한 사회의 인식을 바꾸고, 아이가 행복한 삶을 살아가는 나라로 만들기 위해 국가의 책임을 담아 2019년에 '포용국가 아동정책'을 발표하였다.

포용국가 아동정책은 UN아동권리협약이 아동을 18세 미만인 자로 규정하고, 그의 권리로 생존권·발달권·참여권·보호권으로 국가가 보장해야 한다고 규정하고 있는 것을 기초로 하여 우리나라의 상황에 맞추어 아동의 권리를 4개 영역으로 나누어 보호권, 인권과 참여권, 건강권, 놀이권으로 규정하고 10대 추진과제를 제시했다.

비전	아동이 행복한 나라 “내일만큼 오늘이 빛나는 우리”
4대 분야	**10대 핵심 과제**
놀이권	① 아동이 맘껏 뛰어놀 수 있는 지역사회
	② 놀이를 통해 잠재력을 키우는 학교
건강권	③ 아동발달 단계에 맞는 건강지원 강화
	④ 마음건강 돌봄 지원 강화 대책
인권·참여권	⑤ 누락 없는 출생등록
	⑥ 아동에 대한 체벌 금지 노력 등 아동 권리 강화
	⑦ 아동의 목소리에 귀 기울이는 정부
보호권	⑧ 보호가 필요한 아동은 국가가 확실히 책임지도록 시스템 혁신
	⑨ 아동학대 대응체계 전면 개편
	⑩ 보호종료 후 안정적으로 자립할 수 있도록 지원 강화

| 그림 4-1 | 포용국가 아동정책 개요

(2) 아동정책기본계획

정부는 2021년 아동복지법을 개정하여 아동정책에 대한 범정부 차원의 중기계획 수립근거를 마련하고 관계부처 합동으로 아동의 발달주기에 따라 직·간접적으로 고려되어야 하는 가족·보육·교육·문화·여가·체육·건강·안전·복지·산업 등 모든 영역을 포괄할 수 있도록 5년 단위로 아동정책기본계획을 수립하기로 하였다.

① 제1차 아동정책기본계획(2015~2019년)

제1차 아동정책기본계획은 생애주기에서 아동기가 가장 행복한 시기가 될 수 있도록 하고, 모든 영역에서 아동을 권리의 주체로 인정하여 아동의 권리가 온전하게 실현되도록 한다는 의미를 담았다. 이를 위해 OECD 국가 중 최하위인 ‘아동의 삶의 만족도’와 ‘주관적 행복지수’를 10년 내 평균수준으로 향상시키고, UN아동권리협약의 중요 원칙인 '아동 최우선의 원칙'을 실현시킬 수 있는 기반을 형성하는 것을 주요 목표로 하였다.

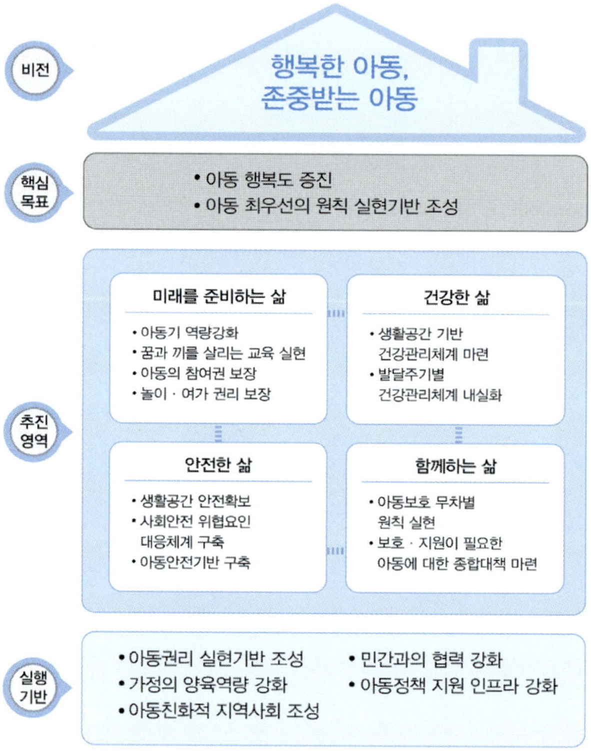

[그림 4-2] 제1차 아동정책기본계획 개요

출처 : 관계부처 합동(2015). 제1차 아동정책기본계획.

② 제2차 아동정책기본계획(2020~2024년)

제2차 아동정책기본계획은 아동을 보호·양육 대상이 아닌 권리 주체로 인식하고, 이에 따른 아동 중심의 정책 추진 필요성을 제시하였고, 아동정책 관련 공적 책임 강화에 따른 정책적 변화를 모색하였다(2019년 5월 포용국가 아동정책 수립에 따라 아동권리 보장, 보호필요아동에 대한 국가책임 확대 등의 새로운 방향 설정).

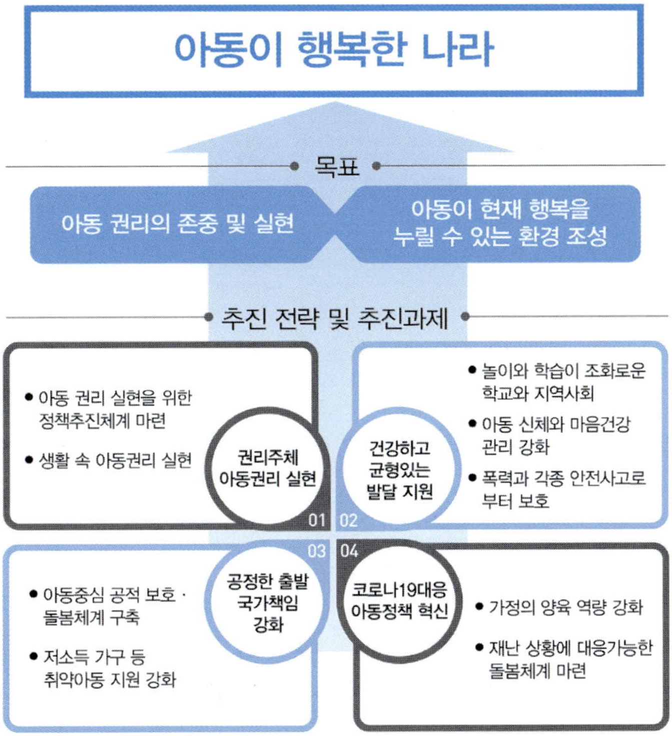

| 그림 4-3 | 제2차 아동정책기본계획 개요

출처 : 관계부처 합동(2020). 제2차 아동정책기본계획.

2. 아동복지행정

1) 아동복지행정의 개념

아동복지행정은 사회복지행정의 하위영역에서 아동복지정책을 아동복지서비스로 전환시키는 데 필요한 사회복지조직에서의 총체적 활동으로, 아동복지기관의 목표설정, 정책형성, 기획, 인사활동, 재정조달, 평가 등 직접적 서비스를 지원하는 실천방법이다. 또한 아동복지조직과 아동복지전문가들이 아동을 위한 복지서비스를 효과적으로 기획 · 실천 · 평가할 수 있도록 지원해 주는 것으로 아동복지 관련법과 아동복지정책에 따라 다양한 조직을 통해 아동복지서비스를 복지대상자에게 효과적으로 제공하는 데 기여하는 것에 그 목적이 있다. 따라서 아동복지행정은 아동복지를 증진하기 위하여 아동복지정책으로 표현된 추상적인 것들을 공공조직과 민간조직이 아동복지실천현장에서 실제적인 복지서비스로 전환하는 전 과정을 의미한다.

이러한 아동복지행정은 국가책임으로 국가 또는 지방자치단체에 의한 아동복지기관의 기능과 아동복지서비스의 내용 및 넓은 의미의 아동복지행정까지 포함하는 광의의 아동복지행정의 개념이 보급되고 있으며, 공적·사적인 아동복지사업은 아동복지서비스를 제공하고 단체 및 조직, 기관의 합리적인 운영관리를 통하여 효과적인 사회적 기능을 촉진하기 위한 방법이 되고 있다. 또한 아동복지행정은 아동을 그 대상으로 하기 때문에 아동의 권리와 아동에 대한 인간으로서의 존엄성을 보장하는 것이 전제되어야 한다.

2) 아동복지행정의 전제요건

(1) 효과성(effectiveness)

효과성은 결과에 대한 만족과 보람을 나타내는 것이므로, 아동복지대상자의 욕구를 얼마나 만족시키고 행정 결과가 있었는지, 아동과 부모가 가지는 욕구충족을 위해 선택된 서비스가 어느 정도 적합하였는지를 판단해야 한다. 그러나 대상자들의 자주성과 주체성에 위배되는 복지서비스의 효과성은 없는 것으로 평가된다. 따라서 대상자의 욕구를 충족하면서도 그 서비스가 적정수준을 유지할 수 있도록 대상자들의 자주성을 확보해 주어야 한다.

(2) 효율성(efficiency)

효율성은 투입과 산출의 관계이며, 사회복지의 제한된 자원을 배분함에 있어 아동복지를 위해 최소의 자원으로 최대의 효과를 거둘 수 있는지에 대한 의미이다. 이때 자원은 유한한 성격이 있어 항상 문제가 되는 것으로,

아동복지서비스의 공급과 관련해 매우 중요한 개념이 되는데, 이것은 다른 사회복지 영역보다 자원의 제한성이 크기 때문이다.

(3) 공평성(equity)

공평성은 아동복지서비스를 받는 기회와 내용일 뿐만 아니라 그 비용 등을 포함한 모든 측면에서 고려되어야 한다.

아동기는 인간의 모든 발달에 영향을 미치는 가장 중요한 시기이므로 모든 아동에게 부여되는 아동복지서비스는 공평하게 제공되어야 한다. 또한 모든 복지서비스가 공평하게 제공되었다 하더라도 공평성에는 형식적 평등뿐만 아니라 기회의 평등이 존재하기 때문에 결과의 측면에서 볼 때 융통성과 유동성을 가지고 적용할 필요가 있다.

(4) 편의성(convenience)과 접근성(accessibility)

편의성과 접근성은 대상자들이 서비스를 쉽게 이용하게 한다. 그러나 복지대상자들의 욕구 중 비화폐적 욕구충족의 경우에는 금전급여와는 달리 현물 또는 상담서비스 등으로 이루어지기 때문에 대상자들이 아동복지서비스를 쉽게 이용할 수 있어야 하므로, 편리한 서비스가 이루어질 수 있도록 시설이 충분한 설비와 기능을 갖추고, 이용거리 및 운영관리 접근이 용이하여야 한다. 따라서 대상자들이 아동복지서비스를 쉽고 편리하게 이용할 수 있도록 편의성과 접근성은 복지서비스 제공자들이 우선적으로 고려해야 한다.

3) 아동복지행정의 요소

(1) 전문성(specialization)

아동의 개별성과 그 가족의 독특성은 아동의 생활지역의 특성과 아동의 요구진단에 따라 제공되는 서비스의 내용과 정도, 서비스에 대한 평가, 자원봉사자들의 업무지도와 관리 등에 따라 다를 수 있다. 따라서 아동복지와 관련된 다양한 사항을 고려할 수 있도록 일정한 자격을 구비한 전문가에 의한 전문성이 요구된다.

(2) 체계적 기능분담(systematic function distribution)

아동 관련 기관들과 공공기관은 그 기관이 속하는 전체 행정조직상의 위치에 따라 수행해야 하는 역할과 기능에서 뚜렷한 차이를 지니고 있다. 이는 아동복지행정의 처리가 기능 면에서 보다 체계적으로 분담되어야 함을 의미한다. 따라서 주무부서인 중앙부처와 중간조직의 성격을 갖는 광역자치단체와 실천현장에서 일하는 기초자치단체가 아동복지서비스의 기능과 역할, 서비스가 서로 조화를 이룰 수 있도록 조정하고 운영하여야 한다.

(3) 책임성(accountability)

복지행정을 통하여 바람직한 아동복지서비스가 되기 위해서는 관련기관의 아동복지행정이 공공성을 가지고 개개의 아동에게 충분하고 효과적인 서비스가 제공될 수 있도록 그 행정체계를 조직・구성하고 있는 모든 구성원들의 해당 업무에 대한 일정한 책임하에 아동복지서비스 업무가 추진되어야 한다.

(4) 통합조정(coordination)

제한된 자원을 적절하게 배분하고 보다 효율적으로 사용하기 위해서는 자원의 낭비를 방지해야 한다. 또한 대상자들에게 공평한 아동복지서비스를 제공하기 위해서는 효과적으로 다양한 서비스를 통합하여 조정할 수 있는 행정체계가 마련되어야 한다. 따라서 관련 행정기관에서는 상호 협조, 조정, 기획을 위한 행정체계를 구축하여 통합된 행정이 이루어지도록 하여야 한다.

(5) 지역사회 참여(community participation)

아동복지서비스에 대한 대상자들의 문제와 요구는 공적인 서비스나 정보의 제공만으로 원활하게 해결될 수 없다. 따라서 대상자가 소속되어 있는 지역사회 전체가 아동에 대한 이해와 복지에 대한 의식을 고양하여 적극적으로 참여하여야 한다.

(6) 조사 및 연구(survey and research)

아동복지서비스가 정책적으로 모든 대상자들에게 보다 의미 있도록 추진되기 위해서는 무엇보다도 아동과 부모가 속해 있는 지역사회나 아동과 부모의 각종 기초정보에 대한 조사와 연구가 절실하게 요구된다. 따라서 이러한 대상자들의 요구를 파악하여 적용하고 행정체계의 효율적인 운영과 관리를 위해 기초정보에 대한 수집 및 연구기능의 구축이 강조되어야 한다.

3. 아동복지행정의 전달체계

1) 아동복지 전달체계의 개념과 기능

아동복지서비스 전달체계는 수요자에게 각종 복지서비스에 대한 정보제공과 교육, 협력을 통하여 아동복지서비스의 수요와 공급 연결을 위한 조직적 장치이다. 따라서 아동복지 전달체계는 제정된 정책과 서비스들이 공공조직과 민간조직에 의해 전달되도록 이루어진다. 또한 아동복지 전달체계의 기능은 아동의 문제를 사정하고 이용 가능한 복지자원을 찾아 이용할 수 있도록 돕고 경우에 따라 타 기관의 위탁으로 필요한 서비스를 받도록 보장하며, 아동의 권리보장을 위한 대리, 대변자의 기능을 수행하는 것이다. 또한 아동에게 각종 서비스를 직접 제공하는 기능을 해야 하며, 지역사회 아동의 자원과 욕구를 파악하여 그 지역사회에 속한 아동의 문제를 해결하기 위한 계획과 조정, 통제기능을 수행해야 한다.

2) 아동복지 전달체계의 주요 원칙

아동복지 전달체계를 구축하기 위해 다음의 고려사항이 제시된다(이한우·정정란, 2012).

첫째, 업무담당자의 전문성이 요구된다. 아동복지서비스 제공은 비전문적인 업무도 있으나 핵심적인 주요 업무는 반드시 전문가가 담당하여야 한다. 아동복지사는 전문성의 정도에 따라 전문가, 준전문가, 비전문가인 자원봉사 등으로 구분되며, 이 외에도 의사, 간호사, 보육교사, 물리치료사, 작업치료사, 영양사 등 여러 분야의 전문가들도 아동복지서비스 제공자로 참여하게 된다.

둘째, 서비스에 대한 적절성을 유지한다. 아동복지서비스가 대상자의 목적 및 목표에 충분하게 달성되는 것은 대상자들마다 다를 수 있고 항상 재정적 지원의 연속적 보장이 어렵기 때문에 서비스에 대한 적절성이라는 측면을 고려해야 한다.

셋째, 포괄적인 서비스를 제공한다. 대상자들의 욕구를 충족시키기 위해서 포괄적인 서비스를 제공한다는 것은 한 사람의 전문가가 여러 문제를 다루거나, 각각의 전문가가 하나의 문제를 다루거나, 혹은 팀 협력을 통하여 대상자들의 다양한 요구와 문제 등을 포괄적으로 해결하는 것이다.

넷째, 지속적인 서비스를 제공한다. 대상자들이 가지는 문제나 욕구를 해결하는 과정에서 필요한 서비스의 종류와 질은 다르게 제공되어야 하는 경우가 있다. 따라서 한 개인이 필요로 하는 여러 종류의 서비스는 서로 다른 수준의 서비스로 이동하면서 지속적으로 지원되어야 한다. 이를 위해서는 대상자에게 제공되는 서로 다른 서비스 간의 상호 연계성이나 같은 조직 내의 서비스 간의 상호 협력과 아동복지 관련조직 간의 유기적인 연계가 요청된다.

다섯째, 모든 아동에게 평등한 서비스를 제공한다. 아동복지서비스의 공급에서 특별한 경우를 제외하고 대상자의 성별, 연령, 소득, 지역, 종교, 지위 등에 관계없이 모든 아동에게 평등하게 아동복지서비스를 제공하여야 한다.

여섯째, 국가적 서비스 전달의 책임이 있어야 한다. 아동복지 전달체계는 국가나 사회가 아동의 권리로 인정한 복지서비스로 집행되어야 한다. 특히 아동복지 전달체계에 대한 책임을 져야 하는 중요한 사항은 서비스의 수급자인 대상자의 욕구에 적절하게 제공되고 있는가, 서비스의 전달절차가 적절하게 이루어지고 있는가, 서비스가 효과적으로 혹은 효율적으로 제공되고 있는가, 대상자들은 서비스 전달과정에 대해 불평과 불만은 없는가, 또는 그러한 불평과 불만을 들어주고 해결해 줄 수 있는 수렴장치는 합리적인가 등을 고려하여 집행하는 책임을 져야 한다.

일곱째, 서비스에 대한 접근이 용이해야 한다. 누구나 쉽게 대상자들이 원하는 서비스를 요구하고 요구된 서비스가 제공될 수 있도록 그 서비스에 대한 접근이 용이하여야 한다.

3) 아동복지서비스 전달기관

(1) 아동복지 국제기구

아동복지 국제기구는 국제 간의 이해와 협력을 통하여 세계 모든 나라의 평화와 발전을 공동으로 구현하기 위해 설치된 기구이며 아동복지 증진을 위한 여러 활동을 벌이고 있다.

국제기구로서 가장 활발한 사업을 전개하는 곳은 국제연합의 산하기구들로서 세계보건기구(WHO), 국제노동기구(ILO), 국제연합 교육·과학·문화기구(UNESCO), 국제아동기금(UNICEF)과 이 외에 국제아동복지연합(IUCW) 등이 있다.

① **세계보건기구(WHO)** : 세계 모든 사람이 가능한 한 최고의 건강수준에 도달할 것을 목적으로 설립되었다. 아동복지와 관련된 사업으로는 모·부자보건의 향상을 위한 교육과 훈련을 실시하고 각종 의료기기와 용품 등을 지원하고 있다. 구체적인 사업의 예로 모유 먹이기 캠페인, 낙태를 방지하기 위한 효과적인 피임의 실시 등이 있다. 우리나

라에서는 방역사업, 보건교육과 보건요원의 훈련사업 등에 많은 도움을 받고 있다.

② **국제노동기구(ILO)** : 근로자의 완전고용과 생활수준의 향상을 위해 설립되었다. 아동복지 관련사업으로는 근로아동의 복지를 위한 제 협약을 설정하여 세계 여러 나라에 권고함과 동시에 그 준수를 촉구하는 일을 한다. 협약내용으로는 최저 고용연령, 연령별 근로시간, 고용금지업종 등이 있다. 우리나라에서는 이 기구의 협약사항을 관계법에 반영하여 준수하도록 노력하고 있다.

③ **국제연합 교육·과학·문화기구(UNESCO)** : 국제연합 교육·과학·문화의 보급 및 교류를 통해서 세계 여러 나라 사이의 이해를 돈독히 하고 협력관계를 촉진함으로써 국제평화에 이바지하기 위해 설립되었다. 교육부문에서는 문맹퇴치와 의무교육의 실시와 연장, 과학부문에서는 환경문제, 문화부문에서는 세계문화유산의 보존사업에 역점을 두고 있다. 최근에는 이러한 활동에 시청각 매체를 개발·활용함으로써 효과를 거두고 있으며 우리나라와도 활발한 교류사업을 벌이고 있다.

④ **국제아동기금(UNICEF)** : 1946년 국제연합이 창설한 기구이다. 전쟁으로 어려움을 겪고 있는 지역이나 신생국가 및 저개발국가의 아동을 기아, 무지, 질병으로부터 보호하는 데 주력하고 있다. 주요 사업은 재해에 대한 긴급원조로서 식량 및 의료 지원과 신생 및 저개발 국가를 대상으로 한 교육·직업훈련, 모자보건, 질병퇴치 등 광범위하다. 우리나라에서도 지금까지 활발한 활동을 전개하고 있다. 최근에는 저소득층의 자녀를 대상으로 한 유아교육과 보육, 부모교육 및 학대아동을 방지하는 사업에도 지원을 하고 있다.

⑤ **국제아동복지연합(IUCW)** : 1959년 국제연합에서 선포한 아동의 권리선언에 명시한 바를 실현하기 위해서 설립되었다. 주요 사업은 모자보건, 심신장애아동 재활, 사회부적응 아동의 보호와 교육 등이다.

(2) 우리나라의 아동복지서비스 전달체계

사회복지행정은 추상적인 사회복지정책을 구체적인 사회복지서비스로 전환하여 서비스를 필요로 하는 사람에게 전달하는 과정에 관한 활동이다. 운영주체에 따라서 공적 전달체계와 사적(민간) 전달체계로 구분될 수 있다. 공적 전달체계는 정부(중앙 및 지방)나 공공기관이 직접 관리하고 운영하는 것을 말하고, 사적 전달체계는 민간(또는 민간단체)이 직접하고 운영하는 것을 말한다. 우리나라는 보건복지부를 중심으로 여성가족부, 교육부, 고용노동부, 법무부 등의 관련 중앙정부 부처와 지방정부, 그리고 아동복지법상 아동복지사업을 이행하기 위해 정하고 있는 아동복지시설, 아동정책조정위원회, 가정위탁지원센터, 가족센터 등이 있다.

① **보건복지부** : 보건위생, 방역, 의정, 약정, 생활보호, 자활지원 및 사회보장, 아동(영유아보육을 포함), 인구출산 · 노인 및 장애인 및 가족에 관한 사무를 관장하고 있다.

② **지방정부** : 중앙정부의 아동복지사업에 의한 서비스 제공은 시 · 도, 시 · 군 · 구의 단계를 거치게 되어 구체적인 서비스 제공은 읍 · 면 · 동의 사회복지전담공무원과 민간의 아동복지시설에 의해서 이루어진다.

③ **아동복지시설** : 국가 또는 지방자치단체가 아동의 시설보호조치 및 기타의 아동복지사업을 수행하기 위해 설치하는 시설이다.

④ **아동보호전문기관** : 종전의 '아동학대예방센터'로 아동복지법상 명칭과 달리 표현함으로써 행정상의 혼란을 방지하기 위해 법적 공식명칭인 '아동보호전문기관'으로 통일되었다. 지역아동보호전문기관은 피학대아동을 신속하게 보호하고자 접근성을 고려하여 설치된 것이다.

⑤ **아동정책조정위원회** : 아동의 권리증진과 건강한 출생 및 성장을 위하여 종합적인 아동정책을 수립하고 관계부처의 의견을 조정하며 그 정책의 이행을 감독하고 평가하기 위하여 국무총리 소속으로 아동정책조정위원회를 2004년 9월 설치하였다.

⑥ 가정위탁지원센터 : 가정위탁사업의 홍보 및 위탁가정의 발굴, 가정위탁을 하고자 하는 가정 및 가정위탁 대상 아동의 조사, 가정위탁부모 교육, 사후관리 등의 업무를 위해 설치된 기관이다.

⑦ 지역아동센터 : 지역사회 아동의 보호·교육·건전한 놀이와 오락의 제공·보호자와 지역사회의 연계 등 아동의 건전 육성을 위하여 종합적인 아동복지서비스를 제공하는 기관이다.

⑧ 가족센터 : 보편적인 가족서비스를 제공하기 위해서 욕구나 문제를 해결하는 서비스뿐만 아니라 가족 누구나 편하게 참여하고 이용할 수 있는 곳으로 기존에 운영되고 있는 건강가정지원센터와 다문화가족지원센터의 기능 확대를 모색한 공간이다.

chapter

05 아동권리와 복지

1. 아동권리의 개념

1) 아동권리의 개념

아동권리를 이해하기 위해 먼저 인권이 무엇인지 이해할 필요가 있다. 인권이란 사람이 사람답게 살아가기 위해 가장 필요한 기본적인 권리, 즉 인간의 권리를 말한다. 인권은 이 세상에 살고 있는 모든 사람이 누구나 똑같이 가지고 있는 권리이다. 어른과 아동, 피부색, 종교, 정치, 문화적 배경, 사는 곳에 상관없이 사람이라면 누구나 행복하고 건강하게 살 기본적인 인간으로서의 권리가 있다.

사람으로서 가진 기본적인 권리가 존중받아야 함을 세계 최초로 인정한 것은 1948년 UN에서 채택한 「세계인권선언」이다. 「세계인권선언」에서는 제1조에 "모든 사람은 태어날 때부터 자유롭고 동등한 존엄성과 권리를 가지고 있다"라고 명시하고 있다. 「세계인권선언」은 현재 세계적으로 가장 많이 인용되는 인권선언으로, 많은 국제협약과 선언의 바탕이 되었으며, 「세계인권선언」에 담긴 인권 존중의 이념은 현재 수많은 국가의 헌법과 법률에 반영되어 있다.

권리란 인간의 여러 가지 욕구에 대한 사회적 표명으로 개인이 도덕적 또는 법적으로 정당하게 주장할 수 있는 권한을 말한다. 아동권리의 개념 정의는 아동이 인간으로서 누려야 할 기본적인 제 권리를 총칭하는 것으로 성인의 권리와 많은 공통성을 가지고 있으면서도 아동의 특성상 성인의 권리와 차이가 있다. 아동의 자격으로서 승인되는 아동 고유의 권리라는 것은 아동이 가지고 있는 정신적·신체적 요구, 즉 아동이 전인으로 성장하는 것을 목적으로 하여 생존을 확보하는 것을 법적으로 승인하는 것이다(황성기, 1994).

아동의 권리는 인간이 사회생활을 영위해 가면서 마땅히 누려야 할 권리, 인간이 세상에 태어나서 성장해 가면서 바라는 것, 희망하는 것, 요구하는 것들에 대해 이익을 받을 수 있도록 법질서에 의하여 인정된 자격을 말한다.

엘렌 케이(Ellen Key, 1900)가 『아동의 세기』라는 저서에서 주창한 아동의 권리, 즉 아동의 튼튼하게 태어날 권리, 건전하게 키워질 권리, 정상적인 가정생활을 영위할 권리, 교육을 받을 권리, 정서적 및 도덕적 훈련을 받을 권리, 유희나 오락을 충분히 즐길 수 있는 권리에 잘 나타나 있다.

또한 UN의 아동권리협약에는 어린이를 18세 이하의 자로 정의하며, 아동의 권리는 인종, 국적, 종교를 초월하여 모든 아동에게 해당되며, 아동 최선의 이익 우선 원칙으로 모든 조치, 정책들을 아동에게 가장 유익한 방향으로 결정해야 한다고 나타나 있다.

따라서 아동은 권리의 주체이며 더 이상 성인의 부속물이 아니다. 아동에 대한 부모의 권리는 더 이상 불가침한 것이 아니며 아동의 권익을 보호하기 위해 국가권력이 개입될 수 있다. 아동은 잠재능력이 있고 자신만의 관심과 욕구, 중요한 일들이 있으며, 자신만의 아이디어와 사물을 보는 관점이 있으므로 아동의 견해, 경험, 희망은 어른과 다르다는 것과 부모의 소유가 아닌 완벽하게 독립된 주체로서 권리를 가지는 어른과 다름없는 한 인간임을 인식해야 한다. 그러나 아동은 일정 기간 동안 스스로 생존을 보장할 수 없는 특징을 가지고 있기 때문에 특별한 권리를 가진다는 것 또한 인식하여야 한다.

2) 아동의 권리에 대한 관점

(1) 성인 중심 관점

성인 중심 관점은 대부분의 성인이 가지고 있는 관점을 말한다. 대부분의 성인은 아동에게 가장 유리한 방향으로 행동하려고 노력하지만 실제로는 성인 중심 관점에서 행동하는 경우가 많다.

성인 중심 관점을 보여주는 대표적인 예로 '아동구원론'이 있다. 아동구원론의 경우, 아동을 학대행위로부터 보호하는 데 주목하고 있다. 그러나 아동구원론에서는 아동의 법적 권리보다 부모의 자율성을 강조하며 부모가 아동을 통제하는 데 초점을 두고 있다. 이에 따라 아동구원론에서는 아동에게 '…을 하지 않을 권리'를 강조하고 있다. 아동구원론의 경우 아동이 가지는 견해는 의미가 있다고 보지 않으며, 아동이 독립하는 것도 크게 인정하지 않고 있다(Andrews & Ben-Arieh, 1999).

(2) 아동 중심 관점

아동에게 귀를 기울이거나 또는 세상을 아동의 관점에서 보려면 성인은 기존의 관점에서 철저하게 벗어나야 한다. 이 경우에 필요한 관점이 바로 아동 중심 관점이다.

아동 중심 관점을 보여주는 대표적인 예로 '복지권리론'이 있으며, 이보다 더 급진적인 것으로 '아동해방론'과 '아동의 가족 내 의사결정권론'이 있다. 예를 들면, 복지권리론은 다음과 같은 특징을 지닌다(Freeman, 1983).

① 아동의 적극적인 권리를 강조한다.

② 아동 개인뿐만 아니라 미래세대까지 주목한다.

③ 선언적 권리가 아니라 실제로 청구하는 권리를 강조한다.

아동 중심 관점에서는 아동에게 '…을 할 권리'를 강조하고 있다. 그리고 아동권리의 여러 측면들 중에서 가장 중요한 것은 아동의 사회적 가치를 인정하는 것이다. 즉, 아동이 사는 방식을 성인이 존중해 주는 것이다. 이것이 바로 아동 중심 관점의 토대가 된다(Andrews & Ben-Arieh, 1999).

2. 아동권리의 발전과정

1) 근대 이전의 아동권리

서구 사회의 고대나 중세의 아동은 어른의 소유물로 취급되는 것이 일반적이었으며, 가족이 가진 경제적 자산의 일부이며 가족노동력의 한 부분으로만 인식되었다. 또한 인권 개념은 르네상스 사상과 신 중심의 세계관에서 인간 중심의 세계관으로의 전환에서 전개되었다. 특히 근대의 자연법 사상의 영향을 받아 신 중심의 봉건체제를 붕괴시킨 시민혁명과 18세기 계몽사상은 프랑스혁명과 인간 중심의 시민사회 건설을 이룸으로써 인권사상의 토대를 마련하였다. 즉, 18세기의 산업혁명이 중산층의 생성, 학교제도의 출현을 가져오면서 인권의 싹을 틔우는 결과를 가져왔다.

초기 기독교 사상가들은 영아도 영혼을 가진 존재로 보기는 하였으나 인간으로서 인권을 가진 존재로 인정하기보다 부모의 욕구에 무조건 복종하도록 가르쳤다. 그들은 원죄설에 따라 구원을 받아야 하기 때문에 엄격한 체벌 등으로 훈육해야 한다고 굳게 믿었다.

2) 근대 이후의 아동권리

근대에 들어오면서 인간성의 재발견이 시도됨에 따라 인간중심 세계관이 펼쳐지고, 아동은 성인과는 다른 존재라는 인식을 하기 시작하였다. 산업이 발달하면서 시민계급의 중산층이 생성되고, 학교제도의 출현과 가족단위의 주거생활은 아동의 발견에 중요한 역할을 하였다. 특히 아동권리사상의 발전이라는 측면에서 아동존중사상의 근간은 루소의 인권사상에서 출발하여 이후 페스탈로치(Pestalozzi), 프뢰벨(Frobel), 듀이(Dewey), 케이(Key) 등의 교육철학자나 교육사상가에 의하여 전개되고 1960~1970년대에 이르러서야 유럽 사회 전체로 확산되었다.

19세기에 이르면서 국가마다 아동에 대한 특별한 보호, 아동노동착취의 제한, 기초교육 제공, 빈민아동에 대한 재정지원 등을 법으로 보호하는 움직임이 일어나기 시작하였다. 이러한 변화는 아동의 삶에서 처하게 되는 결핍상태에 대한 관심으로 이어져 아동의 교육권, 학습권, 복지권과 관련되고 경제적·사회적·문화적 권리보장의 근간을 이루었다(이한우·정정란, 2012).

1920년 영국에서는 에글렌타인 젭(Eglantyne Jebb) 여사에 의해 아동구호국제연합(Save the Children Fund International Union)이 창설되었고, 1923년 아동의 권리와 보호에 관한 5대 원칙을 규정한 아동권리선언(Declaration of the Rights of the Child)을 작성하여 선포하기에 이르자 국제연맹이 1924년 '아동권리 제네바선언'으로 채택하였다. 이 선언은 아동의 신체적·정신적 발달, 요보호아동 보호, 재난 시 우선적 아동구조, 모든 형태의 착취로부터 아동보호, 아동의 재능개발 및 사회적 기여를 위한 양육 등을 주요 내용으로 하고 있다(김인숙, 2000).

1920년대 한국의 소파 방정환은 1923년 5월 1일 어린이날을 선언하고 '어린이 선언문'을 공표하였으며 '아동권리공약 3장'을 선언하였다. 이는 제네바 선언의 시기로 볼 때 세계 최초의 아동권리 선언문이라고 할 수 있다. 아동권리에 대한 국제적 논의가 태동하기 시작한 것은 제1차 세계대전 이후이며, 아동에 대한 특별한 보호와 원조는 20세기 초가 되어서 국제사회의 관심사로 대두되기 시작하였다.

어린이 선언문

■ 어른들에게

- 어린이를 내려다 보지 마시고 쳐다보아 주시오.
- 어린이를 가까이 하시려 자주 이야기하여 주시오.
- 어린이에 경어를 쓰되 보드랍게 늘 하여주시오.
- 이발이나 목욕, 의복 같은 것을 때맞춰 하도록 하시오.
- 산책이나 원족 같은 것을 가끔가끔 시켜주시오.
- 어린이를 책망하실 때는 쉽게 성만 내지 마시고 자세자세 타일러 주시오.
- 어린이들이 서로 모여 즐겁게 놀 만한 놀이터와 기계 같은 것을 지어주시오.
- 대우주의 뇌신경 미로는 늙은이에게 있지 아니하고 젊은이에게도 있지 아니하고 오직 어린이에게만 있는 것을 늘 생각해 주시오.

■ 어린 동무들에게
- 돋는 해와 지는 해를 반드시 보기로 합시다.
- 어른들에게는 물론이고 당신들끼리도 서로 존대합시다.
- 뒷간이나 담벽에 글씨를 쓰거나 그림 같은 것을 그리지 말기로 합시다.
- 꽃이나 풀을 꺾지 말고 동물을 사랑하기로 합시다.
- 전차나 기차에서는 어른들에게 자리를 사양하기로 합시다.
- 입을 꼭 다물고 몸을 바르게 가지기로 합시다.

1940년대는 국제인권협약의 시기로, 특히 UN헌장은 국제인권법의 법적·개념적 기초를 세운 것으로 인식되고 있다. 즉, UN헌장 및 국제사법재판소(ICJ : International Court of Justice) 규정으로 1945년 채택되고 발효되었으며, 제1조 제3항과 제55조 및 제56조에는 인권 관련 규정이 제시되어 있다.

한편 아동권리선언은 젭(Jebb) 여사의 선언문이 1948년 UN총회에서 채택되어 세계인권선언 제25조에 아동기의 필요와 특별한 돌봄지원의 필요성을 규정하게 되었다. 또한 전쟁으로부터 아동들의 삶의 질을 회복시키기 위한 구호들은 국제사회 공동관심으로 확대·강화되기 시작하였다.

1950년 UN경제사회위원회가 새로운 아동권리선언문의 전문을 작성하고, 각국의 의견을 수렴한 후, 1959년 11월 20일 UN총회에서는 이전보다 5개 조항이 많은 10개 원칙을 수록한 결의 제1386호로 아동권리선언을 만장일치로 채택하였다. 이 원칙에는 비차별, 아동발달을 위한 균등한 기회 부여, 이름·국적·사회안정을 누릴 시민, 장애아동에 대한 특별보호권과 무엇보다도 '아동은 보호와 구호에 있어서 그 누구보다 우선되어야 한다'는 원칙과 방임 및 학대로부터의 보호권이 강조되었다. 또한 1966년 UN은 두 개의 국제규약을 채택하면서 가족과 아동의 보호에 관한 규정을 추가하기에 이르렀다(이한우·정정란, 2012).

1974년 UN총회는 긴급사태와 무력분쟁에 따른 여성과 아동의 보호에 관한 선언을 채택하였다. 1985년 UN총회는 '소년사법운영에 관한 UN최저기준규칙(베이징규칙)'을 결의하였고, 1986년에는 국내·국제 입양과 관련하여 '아동의 보호와 복지에 관한 사회적·법률적 원칙선언(입양원칙선언)', '소년 비행의 방지에 관한 UN지침(리야드 가이드라인)', '자유를 박탈당한 소년의 보호에 관한 UN규칙' 등 아동과 청소년의 보호를 위한 조약, 국제기구의 결의 등 80여 가지나 되었다(김태천, 1996).

따라서 국제연합의 '아동권리협약'은 아동의 권리와 보호에 관한 법적 구속력을 가지는 종합적인 국제문서의 성립이라는 시대적 요청의 산물이라 할 수 있다. 1989년 11월 20일 UN 제44차 총회에서는 '아동권리협약'을 만장일치로 채택하여 1990년 9월 2일 발효하게 되었다.

한편 1981년 우리나라는 아동복리법이 아동복지법으로 법명이 개정되고, 5월 5일을 어린이날로 정하여 5월 1일부터 5월 7일까지를 어린이 주간으로 정하고, 아동에 대한 사랑과 보호의 정신을 높임으로써 아동이 옳고 아름답고 슬기롭고 씩씩하게 성장하도록 해주고 있다. 따라서 어린이날과 어린이 주간은 아동을 인간 고유의 권리를 가진 존재로서 인정하려는 조치의 하나인 셈이다.

어린이 헌장

대한민국 어린이 헌장은 어린이날의 참뜻을 바탕으로 하여 모든 어린이가 차별 없이 인간으로서의 존엄성을 지니고 나라의 앞날을 이어나갈 새 사람으로 존중되며 바르고 아름답고 씩씩하게 자라도록 함을 길잡이로 삼는다.

① 어린이는 건전하게 태어나 따뜻한 가정에서 사랑 속에 자라야 한다.
② 어린이는 고른 영양을 취하고 질병의 예방과 치료를 받으며 맑고 깨끗한 환경에서 살아야 한다.
③ 어린이는 좋은 교육시설에서 개인의 능력과 소질에 따라 교육을 받아야 한다.
④ 어린이는 빛나는 우리 문화를 이어받아 새롭게 창조하고 널리 펴나가는 힘을 길러야 한다.
⑤ 어린이는 즐겁고 유익한 놀이와 오락을 위한 시설과 공간을 제공받아야 한다.
⑥ 어린이는 예절과 질서를 지키며 한겨레로서 서로 돕고 스스로를 이기며 책임을 다하는 민주시민으로 자라야 한다.
⑦ 어린이는 자연과 예술을 사랑하고 과학을 탐구하는 마음과 태도를 길러야 한다.
⑧ 어린이는 해로운 사회환경과 위험으로부터 먼저 보호되어야 한다.
⑨ 어린이는 학대를 받거나 버림을 당해서는 안 되고 나쁜 일과 힘겨운 노동에 이용되지 말아야 한다.
⑩ 몸이나 마음에 장애를 가진 어린이는 필요한 교육과 치료를 받아야 하고 빗나간 어린이는 선도되어야 한다.
⑪ 어린이는 우리의 내일이며 소망이다. 나라의 앞날을 짊어질 한국인으로, 인류의 평화에 이바지할 수 있는 세계인으로 자라야 한다.

3. UN아동권리협약의 이해

1989년 UN총회는 아동권리협약(CRC : Convention on the Rights of the Child)을 채택하였는데 이 조약은 국제적인 인권조약으로 아동의 생존·보호·발달·참여의 권리 등 아동이 관련된 모든 권리를 규정해 놓고 있다. 아동을 보호의 대상이 아닌 권리의 주체로 인식하였다는 점에서 아동 관련 인권조약의 새로운 지평을 연 이 협약은 가장 많은 비준국가를 보유한 국제인권법이다.

영국, 캐나다, 스웨덴, 노르웨이 등의 선진국가와 그 지방정부는 이미 그들의 법과 제도, 정책, 교육과 문화에 UN아동권리협약의 가치를 도입하기 시작하였다. 우리나라는 1991년 12월 20일 UN 아동권리에 관한 국제협약 당사국이 되었는데, 당시 협약 내용 중에는 국내법과 일치하지 않는 3개 조항이 있었으나, 이 3개 조항은 제외하고 나머지 조항에 대해서는 지키기로 약속했다. 이 3개 조항은 부모가 이혼한 경우 아동이 떨어진 부모를 만날 수 있는 권리(제9조 제3항), 아동이 입양될 때 믿을 수 있는 관계당국이 아동의 입양을 허가해야 한다는 조항(제21조 (가)항), 재판결과에 대해 상급법원에 이의를 제기할 수 있는 권리(상소권 보장, 제40조 (나)-5항)이다. 이 중 아동이 부모를 만날 수 있는 권리(제9조), 관계당국이 아동의 입양을 허가해야 한다는 조항(제21조)은 최근 관련된 법의 개정 등으로 적용하고 있으며, 상소권 보장(제40조)만 현재 적용이 제외된 상태이다. 3개 선택의정서에 관해 살펴보면, 2004년 9월 24일 「아동권리협약 선택의정서」 2개(「아동의 무력분쟁 관여에 관한 아동권리협약 선택의정서」, 「아동의 매매·성매매 및 아동 음란물에 관한 아동권리협약 선택의정서」)는 비준했으며, 제3선택의정서인 개인청원권은 아직 비준하지 않은 상태이다. 협약의 규정과 국내법 및 정책의 조화를 위해 국가보고서를 마련하고, 각종 아동권리 관련법규를 제정하고 개정을 하여 우리 헌법 제6조에서는 헌법에 의하여 체결·공포된 조약과 일반적으로 승인된 국제법규는 국내법과 동일한 효과를 지님을 명시하고 있다.

아동권리협약을 비준한 국가의 정부는 생존의 권리, 발달의 권리, 유해한 것으로부터 보호받을 권리, 학대받고 착취당하지 않을 권리, 참여의 권리, 문화적 · 사회적 삶에 대한 권리 등 협약에 명시된 모든 아동의 권리를 보장할 의무를 지고 있으며, 협약의 이행상황을 처음 비준한 2년 후, 그 후 매 5년마다 UN아동권리위원회에 보고해야 한다. UN아동권리위원회는 이 보고서를 검토하고 평가한다. UN아동권리위원회에서는 협약에 가입한 국가가 제출한 이행보고서를 검토해서 해당 국가가 얼마나 협약 내용을 잘 이행하고 있는지 심의하고, 추가로 이행해야 할 부분이 있으면 권고사항을 작성해서 해당 국가에 전달한다. 우리나라는 1994년 제1차 보고서를 제출했고, 2000년에 제2차 보고서를 제출했으며, 2008년에 제3, 4차 통합보고서를 제출했다. 제5, 6차 통합보고서는 2017년에 제출했다.

국가보고서뿐 아니라, 민간 차원에서도 아동권리를 위해 노력하고 있다. 2005년 국내 아동 관련 단체들이 아동권리 이행을 위해 'UN아동권리협약 한국NPO연대'라는 민간단체를 조직했다. 한국NPO연대는 아동권리협약이 잘 이행되고 있는지 민간 차원에서 검토하고 그 결과를 민간보고서로 작성하여 UN아동권리위원회에 제출하고 있다. 이뿐 아니라 한국NPO연대는 아동권리협약을 국내에 홍보하고, UN아동권리위원회의 권고사항을 정부가 이행하고 있는지 모니터링하고, 이행하고 있지 않은 부분에 대해서는 이행을 촉구하는 역할 등을 하고 있다.

1) UN아동권리협약의 내용

UN아동권리협약은 전문 제3부 총 54개 조문으로 구성되어 있다.

전문에서는 인간의 기본 인권에 따라 아동의 특별한 보호와 원조를 받을 권리가 포함되어 있고, 제1부(제1~42조)는 아동의 권리와 국가의 아동보호 의무를 규정하고 있고, 제2부(제42~45조)는 협약의 이행조치로서 국가보고제도와 아동권리위원회에 관하여 규정하고 있으며, 제3부(제46~54조)는 서명,

가입, 비준서 기탁, 개정절차, 유보 등에 관하여 규정하고 있다. UN아동권리위원회는 협약 조항에 대한 이해와 심의가 용이하도록 8개의 분류 기준에 따라 조항을 나누어 분류하였고, 이 분류 기준에 따라 국가보고서를 작성하도록 하였다(표 5−2 참조).

〈표 5−1〉 UN아동권리협약 아동권리 조항별 주요 내용(제1부 : 아동의 권리와 국가의 아동보호 의무)

조항	내 용	조항	내 용
제1조	아동의 정의(만 18세 미만인 자)	제22조	난민아동의 권리(난민아동을 위한 적절한 보호 및 인도적 지원)
제2조	무차별 원칙(인종, 피부색, 종교, 능력 여부, 성별, 언어, 출신배경, 재산, 사회적 신분 등으로 인한 차별금지)	제23조	장애아동의 특별보호 및 지원 권리(장애아동의 자립적 삶을 구현하기 위한 목적)
제3조	아동 최선의 이익 수호(특히 성인, 아동 관련기관, 입법 및 행정기관 등)	제24조	건강 및 보건서비스권(아동의 건강유지 및 치료와 회복의 권리)
제4조	권리보호(권리실현에 모든 가용자원 및 조치 동원할 의무)	제25조	양육지정 조치된 아동의 보호와 치료가 아동의 최선의 이익에 부합할 권리
제5조	부모의 감독과 지도(아동권리 이행 시 부모의 적절한 감독 지도 존중)	제26조	사회보장제도를 제공받을 권리
제6조	생존권(아동의 생존과 발전 보장)	제27조	적절한 생활수준을 누릴 권리
제7조	출생등록 성명권 국적취득권 및 부모의 돌봄을 받을 권리	제28조	교육의 권리(초등 의무교육, 상급교육에 대한 균등기회 제공, 학교규율이 아동의 인간존엄성에 합치될 것)
제8조	신분보장(국적, 성명, 가족관계 등 아동신분의 보존 및 회복권)	제29조	교육의 목표(아동인격 및 능력계발, 인권존중, 부모 문화 존중 등 5개 목표)
제9조	부모로부터의 분리 관련 권리(부모와 함께 살 권리, 분리 시 면접교섭, 연락 및 기타 관계 유지의 권리)	제30조	소수민족/원주민 아동의 권리(고유 문화, 언어, 종교 등에 대한 권리)
제10조	가족 재결합(부모와 아동의 거주국이 다르더라도 가족 재결합 및 개인적 관계유지를 위한 국가 간 이동의 자유권)	제31조	여가 놀이 문화활동의 권리(아동의 쉼, 놀이 및 여가문화활동)
제11조	납치로부터의 보호권리(타국으로 아동의 불법이송 금지)	제32조	아동노동시 보호권(유해한 노동의 수행으로부터 보호를 받을 권리)

제12조	아동의 견해 존중(아동의 의사표시 존중 및 적절한 표시 기회 제공)	제33조	약물남용으로부터 보호권(해로운 약물의 사용 및 거래에 아동의 이용 금지)
제13조	표현의 자유	제34조	성착취로부터 보호(모든 유형의 성착취 및 성학대로부터 아동보호)
제14조	사상, 양심 및 종교의 자유	제35조	납치, 매매 및 거래로부터 보호
제15조	결사 및 집회의 자유	제36조	기타 유형의 착취로부터 보호
제16조	사생활보호권	제37조	구금 및 처벌 금지(아동을 대상으로 잔혹하거나 해로운 처벌의 금지)
제17조	대중매체 및 정보의 접근권	제38조	전쟁 및 무력분쟁 시 동원금지(15세 미만 아동의 징병을 삼감)
제18조	아동양육에 대한 부모 국가의 책임	제39조	아동피해자의 회복 및 사회복귀 촉진
제19조	모든 폭력으로부터 보호될 권리	제40조	청소년 사법권(위법 고소된 아동의 사법지원 및 공정한 절차 보장, 형법 위반능력에 대한 최저연령 설정)
제20조	가정환경이 박탈된 아동에 대한 특별보호 및 지원의 권리	제41조	상위법의 존중(본 협약내용은 국내법 혹은 효력 있는 국제법 중 보다 넓은 범위의 아동권리보호가 가능한 법에 영향을 주지 못함)
제21조	입양 시 아동 최선의 이익에 입각할 권리(아동의 입양 및 위탁양육 시 아동의 최선의 이익을 바탕으로 하여 보호 및 양육되어야 함)		

〈표 5-2〉 UN아동권리협약 영역(cluster)별 세부내용

영 역	주요 내용	협약 관련조항
1. 일반이행조치	1. 협약의 규정과 국내법 및 정책의 조화방안 2. 아동 관련 정책의 조정 및 협약 이행사항의 모니터링을 위한 중앙 및 지방기관 현황 및 계획	제4조, 제42조, 제44조 제6항
2. 아동의 정의	1. 관련 법규의 연령규정 및 최소연령 등	제1조
3. 일반원칙	1. 무차별 2. 아동이익 최우선의 원칙 3. 아동의 생명, 존중 및 아동발달권 4. 아동 견해의 존중	제2조, 제3조, 제6조, 제12조

4. 시민적 권리와 자유	1. 이름과 국적 2. 신분의 유지 3. 표현의 자유 4. 적절한 정보에의 접근 5. 사상, 양심, 종교의 자유 6. 집회 및 결사의 자유 7. 사생활의 보호 8. 고문 및 기타 비인도적인 취급을 받지 않을 권리	제7조, 제8조, 제13조, 제14조, 제15조, 제16조, 제17조, 제37조(a)
5. 가정환경 및 대리보호	1. 부모의 지도 2. 부모의 책임 3. 부모로부터의 분리 4. 가족의 재결합 5. 아동 양육비 회수 6. 가정환경 상실 아동 7. 입양 8. 불법이송 및 미귀환 9. 아동학대, 유기 및 신체적 심리적 회복과 사회복귀 10. 양육 및 보호기관에 대한 심사	제5조, 제18조 제1항, 제18조 제2항, 제9조, 제10조, 제27조 제4항, 제20조, 제21조, 제11조, 제19조, 제39조, 제25조
6. 기초보건 및 복지	1. 생존 및 발달 2. 장애아동 3. 보건서비스 4. 사회보장 및 아동보호시설 5. 생활수준	제6조 제2항, 제23조, 제24조, 제26조, 제18조 제3항, 제27조 제1항, 제27조 제2항, 제27조 제3항
7. 교육여가 및 문화활동	1. 교육(직업훈련 포함) 2. 교육의 목표 3. 여가 오락활동 및 방과후서비스	제28조, 제29조, 제31조
8. 특별보호조치	1. 비상상황하의 아동 : 난민, 무력분쟁상 아동 2. 법적 분쟁상의 아동 : 사법행정, 자유상실 아동, 형의 선고, 회복과 사회복귀 3. 착취상황하의 아동 : 경제적 착취, 약물남용, 성적 착취 및 성학대 기타 착취, 매매거래 및 유괴 4. 소수민족 및 원주민	제22조, 제38조, 제39조, 제40조, 제37조, 제39조, 제32조, 제33조, 제34조, 제35조, 제26조, 제39조, 제30조

2) UN아동권리협약의 일반원칙

앞서 살펴본 8개의 영역 중 아동권리협약의 기본이 되는 가치를 일반원칙이라고 한다. 일반원칙에는 차별금지(제2조), 아동 최선의 이익(제3조), 아동의 생존과 발달의 권리(제6조), 아동 의견 존중(제12조)의 네 가지 원칙이 있다. 일반원칙 네 가지를 살펴보면 다음과 같다.

(1) 아동차별금지의 원칙

차별금지는 모든 아동은 차별 없이 협약에 명시된 권리를 보장받아야 한다는 것이다(제2조 제1항). 협약은 당사국이 아동이 차별받지 않고 권리를 누릴 수 있도록 모든 적절한 조처를 해야 한다고 명시하고 있다(제2항). 여기서 차별이란 아동이나 부모의 인종이나 피부색, 성별, 언어, 종교, 재산, 장애, 출생신분 등의 이유로 협약에 명시된 권리를 누리지 못하도록 제한하거나, 반대로 더 많이 누리도록 우대받는 것을 말한다. 예를 들어, 남자아동은 권리를 누릴 수 있고 여자아동은 권리를 누릴 수 없다면 이것은 우리가 흔히 보는 성별에 의한 차별이다. 또 다른 예로, 아동이 장애를 가지고 있다고 해서, 결혼하지 않은 부모에게서 태어났거나 부모가 없다고 해서, 혹은 매우 가난한 가정의 자녀이기 때문에 어떤 특정 권리를 누릴 수 없다면 이것은 차별에 해당한다. 이 외에도 UN아동권리위원회가 각국의 국가보고서에서 발견한 차별 사유들로는 거주지(농어촌, 도시, 빈곤지역, 집 없는 아동, 시설에서 생활하는 아동 등), 외국국적(이민자녀, 불법체류자, 난민아동 등), 어머니나 아버지가 없는 한부모가정, 다른 민족이나 국적을 가진 부모 사이에서의 출생 등이 있다.

(2) 아동 최선의 이익의 원칙

아동 최선의 이익이란 아동과 관련되는 모든 활동에서 정부나 사회복지기관, 법원, 입법기관 등은 아동의 이익이 무엇인지를 가장 먼저 고려해야 한다는 원칙이다(제3조 제1항). 당사국은 아동의 복지를 위해 필요한 보호와 보살핌을 아동이 받을 수 있도록 보장하고, 이를 위한 적절한 입법적, 행정적 조처를 해야 한다(제2항). 또한 당사국은 아동을 돌보거나 보호할 책임을 지는 기관과 시설이 관계 당국이 정한 기준, 특히 안전, 위생, 직원의 수와 자질, 관리와 감독의 기준을 지키도록 보장해야 한다(제3항). 이에 우리나라는 아동의 이익을 최우선으로 고려하여 2007년 민법을 개정하여 부모에게만 인정되던 면접교섭권을 자녀에게도 인정했다. 면접교섭권은 부부가 이혼하게 되면 양육권을 가지지 않은 부모가 자녀를 만날 수 있는 권리를 가진다. 이전까지는 부모만 자녀를 만나는 면접교섭권을 가졌다. 이후 민법 개정으로 자녀도 부모를 만나기를 원할 때 면접교섭권을 신청할 수 있게 되었다.

그리고 성폭력 피해아동, 아동학대 피해아동이 조사과정에서 어려움을 겪지 않도록 아동이 신뢰할 수 있는 사람이 조사과정에 동석할 수 있도록 하고, 피해아동이 피해 사건에 대해 진술할 때 전문가의 도움을 받을 수 있도록 했다.

(3) 아동 생명 · 생존과 발달의 원칙

아동의 생명 · 생존과 발달의 권리는 모든 아동은 생명에 관한 고유의 권리를 가지며(제1항), 당사국은 아동의 생존과 발달을 최대한 보장해야 한다는 것이다(제2항). 생명의 권리는 세계인권선언 제3조에 기본적인 인권으로서 '사람은 누구나 생명과 자유와 안전에 대한 권리가 있다'라고 명시되어 있다. 제6조의 아동의 생명을 보호하고 생존과 발달을 최대한 보장해야 한다는 원칙은 아동권리협약의 여러 조항에서 찾아볼 수 있다.

예를 들어, 협약 제24조에서는 아동이 최상의 건강 수준을 유지할 권리와 보건의료서비스를 이용할 권리에 대해 명시하고 있으며, 특히 당사국이 영아와 아동 사망률을 줄이기 위해 적절한 조처를 할 것을 요구하고 있다. 제27조에서는 당사국은 모든 아동이 신체적, 지적, 정신적, 도덕적 및 사회적 발달에 적합한 생활수준을 누릴 권리를 가짐을 인정하고, 부모와 당사국은 아동발달에 필요한 생활여건을 조성하기 위해 노력해야 할 책임이 있다고 명시하고 있다.

이에 우리나라는 학교폭력을 예방하고 학생의 인권을 보호하기 위해 2004년 「학교폭력예방 및 대책에 관한 법률」을 제정했고, '학교폭력 예방 및 대책 5개년 기본계획'을 5년마다 수립하여 시행하고 있으며(1차 2005년, 2차 2010년 수립), 지역사회에서 위기청소년을 돕기 위해 2005년 '위기청소년 사회안전망(CYS-Net)'을 구축하는 등의 노력을 기울이고 있다.

(4) 아동 의견 존중의 원칙

아동 의견 존중이란 자신의 의견을 형성할 수 있는 능력이 있는 아동은 자신에게 영향을 미치는 모든 문제들에서 자신의 의견을 표현할 권리를 가지며, 당사국은 아동이 자신의 의견을 자유롭게 표현할 수 있도록 보장해야 한다는 것이다(제1항). 아동의 의견은 아동의 나이와 아동이 얼마나 성숙했느냐에 따라 적절하게 비중이 주어져야 한다. 이를 위해 당사국은 아동에게 영향을 미치는 사법적, 행정적 절차를 시행함에 있어 아동이 직접적으로, 또는 대리인이나 적절한 기관을 통해 의견을 표현할 수 있도록 보장해야 한다.

아동의 의견 존중은 아동권리협약의 다른 일반 원칙들뿐 아니라 모든 개별 조항과도 밀접하게 연관된다. 예를 들어, 아동 최선의 이익의 원칙(제3조)을 실현하기 위해서는 아동의 시각에서 아동 최선의 이익이 무엇인지를 고려해야 한다. 이를 위해서는 먼저 아동에게 자신의 의견을 표현할 수 있는 기회를 주어야 하고, 그 의견을 아동에게 영향을 미치는 중요한 결정에 반영해야 한다. 이에 우리나라 정부는 아동의 의견을 표현할 수 있는 권리를 정책적으로 보장하기 위해 관련 법률을 제·개정하고, 아동이 지역사회 및 학교에서 자신과 관련된 정책 결정 과정에 참여할 수 있도록 제도적으로 보장하고 있다.

3) UN아동권리협약의 특징

UN아동권리협약은 다음과 같은 특징이 있다(UNICEF, 1999).

① **포괄적**(comprehensive) : 아동에게 시민권, 정치권, 경제권, 사회권, 문화권을 보장해 주는 유일한 협약이다.

② **보편적**(universal) : 모든 상황에 놓여있는 모든 아동에게 적용된다.

③ 무조건적(unconditional) : 자원이 거의 없는 정부에게조차도 아동권리를 보호하기 위해 조치를 취할 것을 요구한다.

④ 전체적(holistic) : 모든 권리가 본질적이고 분할할 수 없으며 상호 의존적이고 동등함을 주장한다.

4) UN아동권리협약에서의 아동권리

UN아동권리협약(1989)에서는 아동권리를 생존권, 보호권, 발달권, 참여권으로 범주화하고 있다. 아동권리의 범주를 구체적으로 살펴보면 다음과 같다.

(1) 생존권

생존권은 아동의 생존 또는 생활에 필요한 제반 조건의 확보를 요구하는 권리를 말하는 것으로 다음과 같은 권리가 이에 속한다.

① 건강의료의 권리

국가는 아동이 최상의 건강 수준을 유지하고 질병의 치료와 회복을 위한 시설을 사용할 수 있는 권리를 가지고 있다는 것을 인정한다. 아동의 건강을 위한 환경오염 방지, 충분한 영양식 및 깨끗한 음료수의 제공 등을 통한 질병 및 영양실조 퇴치를 위한 조치를 해야 한다.

② 양육지정의 권리

아동이 자기에 대해 취해진 치료나 조치에 대하여 심사를 할 수 있는 권리이다.

③ 사회보장의 권리

아동이 사회보험을 비롯한 사회보장제도의 혜택을 받을 수 있는 권리이다.

④ 생활수준 향유권

아동은 발달에 필요한 영양・의복・주거 등의 생활수준에 대한 권리를 가지고 있다. 이를 확보하는 1차적인 책임은 부모에게 있으며, 국가는 그러한 부모의 책임수행을 원조할 책임을 지고, 나아가 부모의 이혼 또는 해외 거주 등의 경우에는 아동의 양육비를 확보하도록 필요한 조치를 취해야 한다.

(2) 보호권

아동의 자유로운 권리행사가 오히려 불이익을 가져다주는 경우는 아동을 보호할 필요가 있다. 보호권은 모든 아동이 보호받을 권리와 특별히 곤란한 조건에 있는 아동이 보호받을 권리가 있다.

① 모든 아동이 보호받을 권리

부모로부터의 폭력, 학대, 방임, 착취로부터 보호받을 권리, 마약, 향정신성 약으로부터 보호받을 권리, 성적 착취, 학대로부터 보호받을 권리, 유괴, 매매, 거래를 방지받을 권리, 모든 형태의 착취로부터 보호받을 권리, 고문, 사형을 금지받을 권리, 소년사범에 관련된 권리가 있다.

② 특별히 곤란한 조건에 있는 아동의 권리

난민아동의 보호받을 권리, 장애아의 권리, 소수자, 원주민 아동의 권리, 무력분쟁 시 아동의 보호를 받을 권리, 피해 아동이 사회에 복귀할 권리가 있다.

(3) 발달권

발달권은 아동이 성장하면서 가질 수 있는 모든 권리를 말한다.

① 부모를 알 권리

아동은 출생과 더불어 곧 등록되고, 이름을 가지고, 국적을 취득하고, 부모를 알고, 어버이에 의해서 양육될 권리가 있다.

② 정체성의 보전권

아동은 위법한 간섭을 받지 않고 국적, 성명 및 가족관계를 포함하여 법률에 인정된 정체성을 보존할 수 있는 권리가 있다.

③ 부모로부터 분리되지 않을 권리

부모로부터의 분리가 아동 최상의 이익을 위하여 필요하다고 결정되는 경우 외에는 아동이 그의 의사에 반하여 부모로부터 분리되지 않도록 국가로부터 보장받을 수 있다.

④ 가족재회 시 출입국이 자유로울 권리

국경을 넘어서 친자가 분리되고 있는 경우 양친이 다른 나라에 거주하고 있을 때 부모와 접촉할 수 있는 권리가 있다.

⑤ 국외 불법이송을 금지받을 권리

아동은 불법으로 국외이송되거나 강제송출된 경우 송환받아야 한다는 권리이다.

⑥ 부모에게 1차적으로 양육받을 권리

아동의 최선의 이익이 고려된 상태에서 부모가 아동의 양육책임을 다할 수 있도록 국가가 그 조건을 정비해 주어야 한다.

⑦ 대체적으로 양호를 받을 권리

가정환경을 박탈당하고 자기의 가정에 머무르는 것이 용인될 수 없는 경우 국가에 의한 보호와 원조를 받을 권리가 있다.

⑧ 양자결연을 받을 권리

양자결연을 할 수밖에 없는 아동의 경우 신중한 절차를 거쳐 이루어져야 하며, 특히 국제 양자결연은 대체적으로 인정되고 국내 양자결연과 동등한 것이 되어야 한다.

⑨ 교육받을 권리

초등교육을 무상의무교육으로 받을 권리를 포함하여 기회균등의 원칙에 입각하여 중·고등교육을 받을 기회와 학습권까지도 가질 수 있는 권리이다.

⑩ 휴식권, 여가권, 문화참가권

휴식과 여가를 즐기고 자신의 연령에 적합한 놀이와 오락 활동에 참여하며 문화생활과 예술에 자유롭게 참여할 수 있는 권리이다.

(4) 참여권

참여권은 자신의 생활에 영향을 주는 일에 대해 의견을 말하고 존중받을 권리를 말하며, 표현의 자유, 양심과 종교의 자유, 평화로운 방법으로 모임을 자유롭게 열 수 있는 권리, 사생활을 보호받을 권리, 유익한 정보를 얻을 권리 등이다.

① 생활참여권

- **의견표명권** : 자신의 견해를 형성할 능력이 있는 아동이 본인에게 영향을 미치는 모든 문제에 자신의 견해를 자유롭게 표현할 권리
- **사생활 · 통신 · 명예를 보호받을 권리** : 사생활, 가족 또는 통신, 명예나 신앙에 대한 간섭 또는 비난으로부터 법의 보호를 받을 권리

② 사회참여권

- 표현 · 정보의 자유, 사상 · 양심 · 종교의 자유, 결사 · 집회의 자유
- **정보접근성** : 정보와 자료에 대한 접근의 권리

chapter

06 아동복지의 대상과 서비스

1. 아동복지의 대상

아동복지법에 근거하여 18세 미만의 아동은 모두 아동복지의 대상이 된다. 즉, 18세 미만의 모든 아동과 부모, 가족이 아동복지의 대상이라 할 수 있다. 아동복지의 대상에 부모와 가족이 포함되는 것은 아동은 일정 기간 동안 타인의 도움을 필요로 할 정도로 미성숙하므로, 아동의 건강한 발육과 성장을 위해서는 보호와 양육의 1차적인 역할을 담당하는 보호자가 필요하기 때문이다. 따라서 부모와 가족에게 지급되는 현금, 현물, 상담 등의 복지서비스는 아동이 1차적인 수급자가 아니더라도 이를 통해 아동을 보호하는 데 기여하기 때문에 아동 중심적인 동시에 가족 친화적인 서비스로 제공되어야 한다. 또한 아동복지 대상은 아동의 연령이나 문제에 따라 구분할 수 있고, 사회복지서비스 또는 급여의 할당원칙으로 제시되는 보편주의와 선별주의에 따라서도 구분할 수 있다.

보편주의는 기본권으로서 모든 사람이 사회복지 급여를 받을 수 있다는 의미로 아동복지의 대상은 모든 아동과 그 부모 및 가족이라 할 수 있으며, 모든 아동에 대해 동일한 수준에서 할당이 이루어지므로 낙인의 문제를 최소화하고 사회적 통합을 극대화할 수 있다는 장점을 가진다.

선별주의는 자신의 욕구를 스스로 충족시키는 것이 불가능한 한계집단에게 집중적으로 급여가 제공되는 것으로 아동복지의 대상은 보호가 필요한 아동과 그 가족이 된다. 이는 욕구를 충족하지 못한 대상자에게 우선적이고 집중적인 복지서비스를 제공함으로써 공공자원을 효율적으로 활용할 수 있다.

1) 일반아동

일반아동은 아동이 속한 가정에서 제공되는 보호 외에 사회의 특별한 도움이 필요하지 않은 아동이다. 그러나 현재 문제가 없다는 것이 복지가 필요 없다는 의미는 아니므로 예방적 차원에서 아동복지서비스의 대상이 된다. 1981년 아동복지법의 전면 개정 이후 아동복지법은 아동이 건강하게 출생하여 행복하고 안전하게 자라도록 그 복지를 보장함을 목적으로 하기 때문에 궁극적으로 일반아동에 대한 복지는 보존・개발・예방의 측면이 강하다. 일반아동에 대한 복지는 모든 아동이 자신의 잠재능력을 보존하고, 기본적인 생활을 유지하고 인간다운 삶을 영위할 수 있도록 이루어져야 하며, 아동의 조화롭고 균형 있는 성장・발달에 필요한 것을 미리 제공하고 이후 발생하게 되는 여러 가지 문제들을 방지할 수 있는 예방적인 차원에서 아동복지서비스가 이루어져야 한다. 일반아동을 위한 대표적인 아동복지서비스는 아동수당, 가족수당, 무상교육, 방과 후 아동교육, 다양한 보육사업이다.

〈표 6-1〉 일반아동에게 제공되는 복지서비스

구 분	내 용
아동의 건강 측면	• 아동의 심신건강에 유해한 영향을 미치는 지역사회환경을 정화하고 선도하는 사업 • 임산부, 젖먹이 영아 및 유아를 대상으로 한 보건지도 및 모자건강센터 운영 등의 모자보호사업
아동의 교육적 측면	• 만 5세 아동을 대상으로 한 취학 전 1년 무상교육 및 초·중등 의무교육 • 지식정보사회에 적응하기 위해 취학 전 및 초등학생을 대상으로 한 정식 교육과정 속의 컴퓨터교육 • 취학 전 아동을 위한 보육사업 • 취업 여성 증가로 인한 초등학교 저학년 아동의 보호 및 교육 공백을 보충하고자 하는 학령기 아동에 대한 방과 후 아동지도사업
아동의 경제적 측면	• 경제적 안정과 관련한 아동수당 및 의료보험과 같은 각종 연금제 등의 소득보장사업 • 가족수당 : 20세 미만 자녀와 부모를 부양하고 있는 가족에게 기본적으로 지불되는 정규적인 현금급여(학비지원, 출산비 지원, 모자보건서비스 비용 등)
아동의 정책적 측면	• 가정의 자녀 양육 기능 약화로 보호자로부터 적절한 보호와 지도를 받지 못하는 아동이 증가함에 따라 예방적 차원에서의 정책적 노력에 의한 아동복지사업 • 지역아동센터, 아동상담, 일시보호 및 아동급식지원센터, 아동학대예방센터, 건강가정지원센터 등
아동의 놀이적 측면	• 아동전용시설 확충 및 다양한 활동 프로그램 운영사업 : 아동복지법 제10조에 의한 어린이놀이터, 어린이회관, 어린이공원, 청소년캠프장, 체육시설, 유스호스텔 등
아동의 권리 및 보호 측면	• 아동 안전과 권리 강화의 정책목표를 달성하기 위한 아동복지사업 • 어린이헌장, 청소년헌장, 어린이날, 성년의 날, 가정의 달 등을 제정하거나 국제적으로 세계아동의 해, 아동의 권리에 관한 국제협약 등을 마련하고 어린이보호재단 등을 통해 아동권리교육 및 보호사업을 실시하는 활동

출처 : 이한우 외(2012).

2) 보호대상아동

아동복지법 제3조 제4호에 따르면, '보호대상아동'은 보호자가 없거나 보호자로부터 이탈된 아동 또는 보호자가 아동을 학대하는 경우 등 보호자가 아동을 양육하기에 적당하지 아니하거나 양육할 능력이 없는 경우의 아동으로 규정하고 있다.

1961년 제정된 아동복리법 제1조의 '요보호아동'은 아동이 그 보호자로부터 유실, 유기 또는 이탈되었을 경우, 그 보호자가 아동을 육성하기에 부적당하거나 양육할 수 없는 경우, 아동의 건전한 출생을 기할 수 없는 경우 또는 기타의 경우라고 보았다.

1981년 아동복지법 제2조 제3항에서는 '요보호아동'을 아동이 그 보호자로부터 유실, 유기 또는 이탈된 경우 그 보호자가 아동을 양육하기에 부적당하거나 양육할 능력이 없는 경우 또는 기타의 경우에 이 법의 보호를 받을 아동이라고 규정하였다.

보호대상아동들을 위한 복지사업은 주로 빈곤가정, 결손가정 또는 병리가정 등의 부적절한 양육환경에서 자라는 아동과 발달상의 문제나 신체기능상의 장애를 가진 아동들이 대상이 된다. 또한 대부분의 복지사업은 선별주의 원칙에 따라 개별 및 소수의 집단을 대상으로 한 전문적인 실천이 요구되며, 최적의 외부 도움과 자원이 제공되어야 하는 활동이 된다. 보호를 필요로 하는 아동의 복지사업은 공공부조와 같은 '가택보호활동', 가정보호, 공동생활가정보호 또는 입양보호와 같은 '위탁보호활동', 장애아동을 위한 시설이나 보호시설, 부랑아 보호시설과 같은 '시설보호활동' 등이 다양한 영역에서 실시되고 있다.

〈표 6-2〉 **보호가 필요한 아동의 분류**

분류	내용
양육환경상 보호가 필요한 아동	가족의 구조와 기능이 결손되어 건강한 양육환경하에서 성장하기 힘든 경우 • 빈곤가정아동, 결손가정아동, 부모부재아동
신체적·정신적·정서적으로 문제나 장애를 가진 아동	아동이 가진 독특한 심신상의 결함에 따라 정상적인 사회참여에 제한을 받고 있고 독립적인 인격체로서의 존엄성을 침해받는 경우 • 신체장애아동, 정신장애아동, 정서장애아동
사회적·법적 보호가 필요한 아동	가출아동, 비행아동
특별보호를 요하는 아동	학대 및 유기된 아동, 미혼모의 아동

3) 부모 및 보호자

아동의 건강한 성장과 발달을 위해서는 부모 및 보호자가 양육과 보호, 교육의 책임을 다해야 한다. 아동복지법 제3조에 의하면, '보호자'란 친권자, 후견인, 아동을 보호·양육·교육하거나 그러한 의무가 있는 자 또는 업무·고용 등의 관계로 사실상 아동을 보호·감독하는 자를 말한다.

아동복지에서는 부모와 보호자의 역할이 매우 중요하다. 무엇보다 부모는 양육에 대한 책임과 의무를 성실히 수행하려는 노력을 보여야 하므로 자녀 양육에 대한 준비, 상담, 교육 관련 프로그램은 계층에 상관없이 제공되어야 한다.

2. 아동복지서비스의 분류

1) 서비스의 제공장소에 따른 분류

(1) 가정 내 서비스 = 재가서비스(in-home service)

가정 내 서비스(재가서비스)는 아동이 부모를 비롯한 가족 구성원과 함께 친가정에서 생활하면서 서비스를 제공받는 것이다. 가정이 아동의 양육과 발달에서 차지하는 부분이 큰 만큼 가정의 기능을 지지하거나 보충해 줌으로써 친가정의 해체나 붕괴를 막게 된다. 따라서 한부모가정이나 조손가정과 같이 구조적 결손을 경험하면서 가족기능의 원활한 수행이 어려울 경우 제공하는 서비스이다. 또한 아동의 양육과 발달에 가정이 1차적인 책임이 있음을 감안할 때 가정의 기능 중 결핍된 부분을 지지하거나 보충해 줌으로써 가정의 해체나 붕괴를 막아주는 기능을 수행한다.

(2) 가정 외 서비스(out-of home service)

가정 외 서비스는 아동이 자신이 거주하는 가정을 떠나 일정한 기간 동안 시설 또는 위탁가정 등에서 생활하면서 제공받는 양육 및 보호하는 서비스와 아동 자신의 가정에서 생활하지만 특정 시간 동안 가정 밖의 시설을 왕래하며 양육과 보호를 받는 서비스로 취업모 가정의 경우, 어머니가 직장생활을 하는 동안 보육시설 등에서 아동이 보호와 양육서비스를 제공받는 것을 말한다. 이는 아동의 권리와 행복 추구를 위해 국가와 사회가 적극적인 선택을 하는 최선의 긍정적인 대안서비스라고 볼 수 있다.

2) 서비스의 기능에 따른 분류

서비스의 기능에 따른 분류는 카두신(Kadushin, 1974)이 제시한 분류로서 아동양육을 위한 가정의 역할에 대하여 아동복지서비스가 어떠한 기능을 지니는가에 따라 지지(support), 보충(supplement), 대리(substitute) 그리고 강제보호(protection) 서비스로 분류하였는데, 아동양육의 1차적 책임은 부모와 그 가정에 있음을 전제하고 있다(이한우 · 정정란, 2012).

(1) 지지적 서비스(supportive service)

지지적 서비스는 부모의 양육기능을 지지 · 강화하기 위해 아동들이 자신의 가정에서 생활하면서 받는 복지서비스로 부모와 자녀 관계, 가족관계에서 일어나는 문제를 해결할 수 있도록 부모나 가족의 기능을 지원하고 그들의 능력을 강화시켜 주는 서비스이다. 이때 지지란 가족구조나 가족구성원의 역할을 침해하지 않는 범위 내에서 가족 내부의 역할과 기능이 제대로 수행될 수 있도록 지원해 주는 아동복지기관이나 지역사회의 서비스이다.

지지적 서비스의 목표는 가족관계의 개선과 부모의 양육기능을 향상시킴으로써 가족의 붕괴위험을 감소시키는 것이다. 또한 가족과 부모-자녀 관계에서 발생하는 스트레스를 초기에 해결할 수 있도록 도와줌으로써 가족의 기능을 향상시키는 제1방어선 역할을 한다. 따라서 지지적 서비스가 필요한 상황은 일반적으로 아동과 친부모가 함께 생활하고, 부모와 아동이 가정에서 자신의 역할을 효과적으로 수행할 의사와 능력을 가지고 있어야 하며, 부모-자녀 관계에서 발생한 갈등이나 부부갈등 등의 결과로 인해 부모-자녀 관계에 어려움이 발생한 경우이다.

만약 아동에 대한 이해가 부족하여 이로 인해 긴장과 갈등을 겪고 있는 가정에 대해 적시에 적절한 지지적 서비스가 제공되지 못한다면 아동학대 및 방임 또는 별거·이혼 등의 가족해체로 이어질 수 있다.

구체적인 지지적 서비스의 종류는 아동에 대한 다양하고 전문화된 상담사업과 부모 및 가족상담, 가족복지사업, 학교사회사업, 근로아동복지사업, 미혼모복지사업 등이 있다.

(2) 보충적 서비스(supplementary service)

보충적 서비스는 아동은 가정 내에서 생활하고 부모들이 가진 역할 일부를 대신 수행해 주는 서비스로 부모의 보호와 양육의 질이 부적절하거나 제약되어 있을 때 이를 보충할 수 있도록 도와주는 역할을 하는 서비스이다. 즉, 아동양육을 위한 부모의 역할이 일시적으로 충족되지 못하는 경우로 가족의 적절한 역할수행에 어려움이 있는 경우 아동의 욕구를 충족시키는 사회적 장치라 할 수 있다. 따라서 보충적 서비스는 부모의 보호·양육의 질이 부적절하거나 제약되어 있을 때 이를 보조하는 서비스로 부모의 사망, 질병, 장애, 실업 등의 예기치 않은 상황에 가족의 역할을 대신 수행한다. 구체적인 보조적 서비스에는 소득보충서비스, 가정봉사원파견서비스, 보육서비스, 비행아동서비스, 장애아동서비스, 아동복지서비스 등이 있다.

(3) 대리적 서비스(substitute service)

대리적 서비스는 부모의 역할 전부가 상실되었을 경우 아동에게 부모를 대신하여 제공되는 서비스로서 아동이 속한 가정이 완전히 해체되어 일시적 또는 영구적으로 부모 중 누구도 아동에게 보호·양육의 기능을 수행할 수 없을 경우에 제3의 가정이나 시설이 기능을 대신하는 서비스를 제공하는 것을 말한다.

전쟁이나 사회적·경제적 변화에 따라 부모역할 및 가족의 기능이 상실되었을 경우와 최소한의 양육과 보호가 제공될 수 없을 경우에 대리적 서비스를 제공하게 되며, 아동은 자신의 가정을 떠나서 일시적으로 혹은 영구적으로 대리적인 서비스를 받게 된다. 구체적인 서비스로는 가정위탁서비스, 입양서비스, 시설보호서비스, 공동생활가정 등이 있다.

3) 방어선에 따른 분류

주커먼(Zukerman, 1983)은 아동의 건강과 안녕한 삶을 보장하기 위해 세 가지 방어선으로 분류하였다.

(1) 1차 방어선

아동의 가정이 제기능을 유지하고 강화하도록 하는 가정 내 서비스를 의미한다. 아동의 원가정에서 부모－자녀 간의 관계가 원만하지 않거나 장애가 발생한 경우 1차적으로 가정 내 서비스를 제공함으로써 가정의 기능을 회복하도록 지원하는 방법이다. 아동복지의 기초가 되는 서비스로, 예방 및 치료의 효과를 동시에 볼 수 있다. 따라서 상담 및 교육서비스, 보육서비스, 프로텍티브 서비스, 지역사회 중심의 아동복지사업, 소득보완사업 등 대부분의 아동복지사업은 이에 속한다고 할 수 있다.

(2) 2차 방어선

아동의 가정이 정상적인 기능을 수행할 수 없을 경우, 대리부모를 통해 일반아동과 마찬가지로 가정생활을 누릴 수 있도록 하는 것이다. 위탁보호서비스와 입양서비스가 대표적이다.

(3) 3차 방어선

친가정이나 대리가정에 아동을 보호·양육하기 어려운 경우로 그룹홈이나 생활시설 등 집단양육과 시설보호 서비스이다. 이 서비스는 아동이 받을 수 있는 최후의 서비스로서 3차 방어선에 도달하기 전 예방 차원의 아동복지 서비스가 더욱 확대되어야 할 것이다.

PART

02

아동복지의 실천

chapter

07 다문화가정아동 복지서비스

1. 다문화가정의 이해

2000년 이후 상업적 결혼 중개를 통한 국제결혼이 급증하면서 다문화가족의 안정적 정착과 인권침해 문제 등이 사회적 현안이 되었고, 대응 방안으로 마련된 부처별 개별사업이 점차 통합되고 체계화되면서 우리나라 다문화가족정책은 가족정책 및 외국인 정책의 한 영역으로 발전되어 왔다.

다문화가족정책은 2006년 4월 대통령 자문기구인 빈부격차・차별시정위원회와 여성가족부 등 12개 부처가 공동으로 여성 결혼이민자 가족의 사회통합 지원 대책을 마련한 것을 시초로 본격 추진되었고, 다문화가족지원 서비스 전달 기구인 '다문화가족지원센터'가 2006년에 21개 시・군・구에 처음으로 설치되었다. 그 후 다문화가족의 수가 증가하고 결혼이민자에 대한 가정폭력 등이 사회적 문제로 대두되자, 2007년 12월 「결혼중개업의 관리에 관한 법률」이 제정되어 국제결혼중개업에 대한 관리・감독이 강화되었고, 2008년 3월에는 「다문화가족지원법」이 제정되면서 '여성 결혼이민자' 대신 '다문화가족'이라는 용어가 사용되고, 정책의 대상 및 범위도 결혼이민자 위주에서 다문화가족 전체로 확대되었다.

2009년에는 다문화가족지원사업의 효율적 추진을 위하여 국무총리실 소속으로 다문화가족정책위원회가 설치되어 부처 간 유사・중복사업 조정 등 관련 정책을 총괄하도록 하였다. 또한 2010년과 2012년에 각각 제1차 및 제2차 다문화가족정책 기본 계획을 수립하여 다문화가족지원사업의 기본 방향을 제시하고, 이에 따라 매년 시행계획을 마련하는 등 종합적이고 중·장기적인 다문화가족정책을 추진하고 있다. 2008년 3월 「다문화가족지원법」의 제정 이후 다문화가족의 안정적 생활지원을 위한 정책기반을 마련하였고, '제1차 다문화가족지원정책 기본계획'(2010~2012년), '제2차 다문화가족정책 기본계획'(2013~2017년), '제3차 다문화가족정책 기본계획'(2018~2022년)을 수립·추진하는 등 지속적으로 다문화가족 지원사업을 추진하고 있다. 2021년 다문화가족실태조사를 근거로 해서 다문화가족 정책 방향과 비전을 제시하고 학령기 자녀 맞춤형 교육·돌봄 체계를 담아 '제4차 다문화가족정책 기본계획'(2023~2028년)을 수립하여 시행 중이다. 이에 전국 90개 가족센터에서 운영하고 있는 다문화가족 자녀 기초학습(초등학교 입학 전후 읽기·쓰기·셈하기)지원 사업과 78개 가족센터에서 실시하고 있는 학업·진로 상담 서비스를 확대한다.

〈표 7-1〉 **다문화가족정책 기본계획 주요 내용**

구 분	제1차 기본계획 (2010~2012년)	제2차 기본계획 (2013~2017년)주)	제3차 기본계획 (2018~2022년)	제4차 기본계획 (2023~2028년)
비 전	• 열린 다문화사회로 성숙한 세계국가 구현	• 활기찬 다문화가족, 함께하는 사회	• 참여와 공존의 열린 다문화사회	• 다문화가족과 함께 성장하는 조화로운 사회
목 표	• 다문화가족의 삶의 질 향상 및 안정적인 정착 지원 • 다문화가족 자녀에 대한 지원 강화 및 글로벌인재 육성	• 사회발전 동력으로서의 다문화가족 역량 강화 • 다양성이 존중되는 다문화사회 구현	• 모두가 존중받는 차별 없는 다문화 사회 구현 • 다문화가족의 사회·경제적 참여 확대 • 다문화가족 자녀의 건강한 성장 도모	• 다문화 아동·청소년의 동등한 출발선 보장 • 다문화가족의 안정적 생활환경 조성

주요 정책 과제	(5대 영역 61개 세부과제) • 국제결혼중개 관리 및 입국 전 검증시스템 강화 • 결혼이민자 정착 지원 및 자립역량 강화 • 다문화에 대한 사회적 이해 제고 • 다문화가족 자녀의 건강한 성장환경 조성	(6대 영역 86개 세부과제) • 안정적인 가족생활 기반 구축 • 결혼이민자의 사회경제적 진출 확대 • 다양한 문화가 있는 다문화가족 구현 • 다문화가족에 대한 수용성 제고 • 다문화가족자녀의 성장과 발달 지원	(5대 영역 70개 세부과제) • 다문화가족 장기정착 지원 • 결혼이민자의 다양한 사회참여 확대 • 다문화가족 자녀의 안정적 성장지원과 역량 강화 • 상호존중에 기반한 다문화 수용성 제고	(4대 영역 67개 세부과제) • 다문화 아동·청소년 성장단계별 맞춤형 지원 • 결혼이민자 정착주기별 지원 • 상호존중에 기반한 다문화 수용성 제고 • 다문화가족정책 추진기반 강화

1) 다문화가족의 개념

우리나라는 다문화가족지원법에 근거하여 다음과 같이 정의하고 있다.

제2조(정의) 이 법에서 사용하는 용어의 뜻은 다음과 같다. <개정 2011. 4. 4., 2015. 12. 1.>
1. "다문화가족"이란 다음 각 목의 어느 하나에 해당하는 가족을 말한다.
   가. 「재한외국인 처우 기본법」 제2조 제3호의 결혼이민자와 「국적법」 제2조부터 제4조까지의 규정에 따라 대한민국 국적을 취득한 자로 이루어진 가족
   나. 「국적법」 제3조 및 제4조에 따라 대한민국 국적을 취득한 자와 같은 법 제2조부터 제4조까지의 규정에 따라 대한민국 국적을 취득한 자로 이루어진 가족
2. "결혼이민자등"이란 다문화가족의 구성원으로서 다음 각 목의 어느 하나에 해당하는 자를 말한다.
   가. 「재한외국인 처우 기본법」 제2조 제3호의 결혼이민자
   나. 「국적법」 제4조에 따라 귀화허가를 받은 자
3. "아동·청소년"이란 24세 이하인 사람을 말한다.

〈표 7-2〉 다문화가족지원법 주요 내용

구 분	주요 내용
목 적	• 다문화가족 구성원의 삶의 질 향상과 사회통합에 이바지(제1조)
대 상	• 다문화가족 : 결혼이민자등 가족 • 대한민국 국민과 사실혼 관계에서 출생한 자녀를 양육하고 있는 다문화가족 구성원(제14조)
기본계획 등 수립	• (기본계획) 여성가족부 장관은 매 5년마다 다문화가족정책기본계획 수립(제3조의2) • (시행계획) 관계 중앙행정기관의 장, 시 · 도지사가 매년 다문화가족정책시행계획 수립(제3조의3) • (심의의결기구) 국무총리 소속으로 다문화가족정책위원회 구성(제3조의4)
지원내용	• 사회적응교육, 직업교육 · 훈련 및 한국어교육 등(제6조), 가족상담, 부부 · 부모교육, 가족생활교육 등(제7조) • 가정폭력피해자에 대한 보호 · 지원(가정폭력상담소 및 보호시설설치 등)(제8조) • 산전 · 산후 도우미 파견, 건강검진 등(제9조), 아동 · 청소년보육 · 교육(제10조), 다국어서비스 제공(제11조)

2) 다문화가족의 현황

전국 다문화가족 실태조사는 다문화가족지원법 제4조(실태조사 등) 및 다문화가족지원법 시행규칙 제2조(다문화가족 실태조사의 대상 및 방법 등)에 의거하여 3년마다 실시하는 법정 조사자 국가승인 통계이다. 정책의 발전과 함께 다문화가족의 규모 또한 지속적으로 증가하였다. 2007년에는 국내 결혼 이민자의 규모는 12만 7천 명, 기타 귀화자까지 포함하면 14만 2천 명이었으나 2020년에는 37만 3천 명으로 늘어났다. 가구 수는 2015년 29만 9천 가구였으나, 2020년에는 36만 8천 가구로 증가하였다. 가구원 수는 2015년 88만 8천 명에서 2018년 처음으로 100만 명을 돌파한 이래 2020년 기준 109만 3천 명으로 추정된다(통계청, 2021).

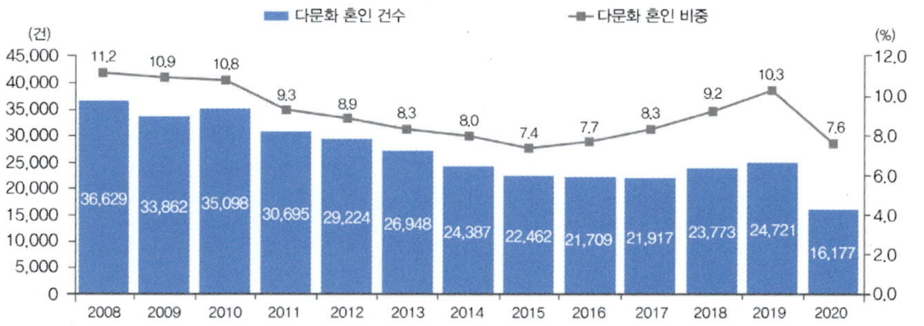

| 그림 7-1 | 다문화 혼인건수 및 다문화 비중 추이

출처 : 통계청(2021). 2020년 다문화 인구동태 통계.

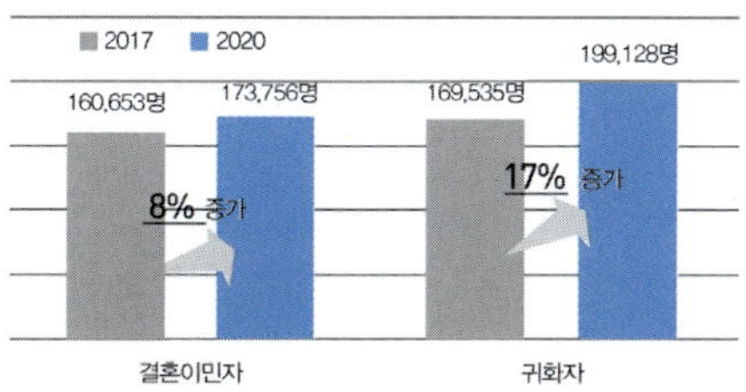

| 그림 7-2 | 결혼이민자 및 귀화자 현황

출처 : 행정안전부(2021). 외국인주민현황조사.

| 그림 7-3 | 다문화 이혼 추이

출처 : 통계청(2021). 2020년 다문화인구동태 통계.

2. 다문화가족 지원을 위한 체계

다문화가족정책의 추진체계는 | 그림 7-4 | 와 같이 다문화가족정책위원회(위원장 : 국무총리)에서 총괄 · 조정하고 관계 중앙부처 및 지방자치단체(다문화가족지원센터)에서 집행하는 구조로 되어 있다.

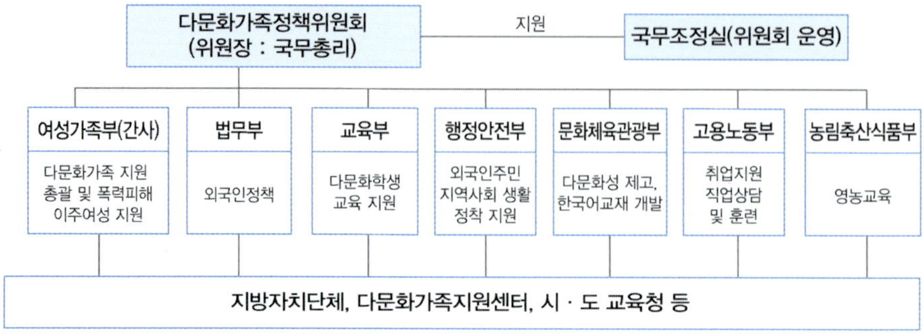

| 그림 7-4 | 다문화가족정책 추진체계

1) 다문화가족지원센터

다문화가족지원센터는 다문화가족의 안정적인 정착과 가족생활을 지원하기 위해 가족 및 자녀 교육 · 상담, 통 · 번역 및 정보제공, 역량강화 지원 등 종합적인 서비스를 제공하여 다문화가족의 한국 사회 조기적응 및 사회 · 경제적 자립지원을 도모하기 위해 설립된 전달체계이다. 가족교육, 다문화이해교육, 상담 등 종합적이고 체계적인 서비스 제공을 통해 다문화가족의 가족기능을 강화하고, 취업연계 및 교육지원을 통해 다문화가족의 경제적 자립을 도모하기도 하며 다문화가족 및 비다문화가족의 다문화감수성 향상과 다문화인식 개선을 통해 지역사회에 다문화가족사업 허브 기능을 한다.

〈표 7-3〉 다문화가족지원센터 프로그램 내용

운영 프로그램	내 용	지원대상
기본 프로그램	가족, 성평등 · 인권, 사회통합, 상담 등의 분야 교육을 통해 다문화가족의 국내정착을 지원	다문화가족
결혼이민자 역량강화	다문화가족의 한국어 의사소통 능력 함양 및 사회생활 적응을 지원	결혼이민자, 중도입국 자녀
방문교육서비스	지리적 여건 등으로 센터 이용이 어려운 다문화가족을 대상으로 자녀양육 및 자녀생활 지원 · 한국어교육 등 맞춤형 서비스를 제공	다문화가족 자녀 (만 3~12세)
이중언어 환경 조성	부모코칭 · 부모-자녀 상호작용 프로그램 등 이중언어를 가정 내에서 활용할 수 있는 다양한 프로그램을 지원	영유아 자녀를 둔 다문화 가족

자녀 언어발달지원	언어발달 지연을 보이는 다문화가족 자녀 대상으로 언어평가 및 1:1 언어 촉진 교육을 제공	만 12세 이하 다문화가족 자녀/지원기간 : 1회에 6개월 최대 3회까지 연장 가능(최대 총 24개월)
통·번역 서비스	한국말이 서툰 결혼이민자 및 외국인을 위해 일상생활 및 공공 영역에서 필요한 통·번역(센터별 1~4개 언어) 서비스를 제공	다문화가족 및 다문화가족을 직·간접적으로 지원하는 개인 또는 기관
사례관리	다문화가족의 복잡하고 다양한 문제 해결을 위해 대상자를 발굴하여, 심리검사·법률상담·위기가족 긴급지원·외부자원 연계 등 종합적인 서비스를 제공	센터이용자

2) 다문화가족지원포털 '다누리'

다문화가족의 한국생활 적응에 꼭 필요한 기본정보와 다문화 관련 최신정보를 13개 언어로 제공하는 포털사이트이다.

다누리
홈페이지

┃그림 7-5┃ 다문화가족지원포털 '다누리'

〈표 7-4〉 다누리 콜센터의 주요 업무

구 분	내 용
폭력피해 긴급지원 및 사후관리	긴급 피난시설 운영(아동 동반 가능) 가정폭력 · 성폭력 · 성매매 피해여성 보호시설 연계 의료 · 법률 · 검찰 · 경찰 서비스 등 연계
종합생활정보 제공	다문화가족지원 사업 안내 한국어 교육, 자녀 지원 안내 체류 · 국적 · 법률 · 노동 · 취업 정보 제공
생활통역 및 3자 통화 서비스	가족 내 의사소통 지원 언어 소통이 어려운 경우 3자 통역(경찰, 응급, 병원, 주민센터, 교육기관, 은행 등)
가족상담 및 부부상담	가족 갈등 해소를 위한 상담, 심리정서, 통역 지원
법률상담	변호사협회와 연계한 법률상담 진행

'다누리 콜센터'는 이주여성의 정착단계 및 다문화가족의 생애주기에 따른 맞춤형 종합서비스를 제공하고, 폭력피해 이주여성에 대한 상담 · 긴급지원 등의 인권보호를 지원하는 다문화가족 종합정보 전화센터이다.

3. 다문화가정 아동이 겪는 어려움

1) 의사소통의 어려움

다문화가족 적응에 있어서 언어는 매우 중요하지만 많은 가정에서 언어적 의사소통이 원활하게 이루어지지 않아 갈등이 발생하기도 한다. 이는 학업 부진으로 이어질 수 있다.

2) 문화적 이질감으로부터의 소외감과 사회적 편견과 차별에 따른 자아존중감 저하

다문화가정 아동의 경우 외모나 언어의 다름으로 인해서 사회적으로 차별을 받는 경우가 있지만 점차 차별받은 경험의 수가 감소하고 있다. 그러나 외국출신 부모의 모국어를 한국어만큼 잘하고 싶다는 이중언어 사용에 대한 의지가 감소하였고, 정체성 혼란에 따른 자존감, 자긍심이 하락한 것으로 나타났다(여성가족부, 2022).

다문화가정 아동에 대한 청소년들의 태도는 배타적인 것은 아니나 관계 형성의 허용범위는 매우 제한적인 것으로 나타나 사회적 거리감을 느낄 수 있다(한국청소년정책연구원, 2009).

3) 학교생활 적응

다문화가정 자녀의 취학률은 점차 개선되고 있으나 전체 학생의 취학률 대비 낮은 수준이며, 학교생활 적응 정도는 점차 개선 추세에 있다. 특히 학교급이 높아질수록 전체 취학률과의 격차가 커지며, 중학교 때 학업을 중단하려는 성향이 전체 학생 수에 비례해서 볼 때 높은 편이다. 또한 다문화가족 자녀의 대학 진학 비율은 일반 국민보다 낮은 것으로 나타났다.

차별·학교폭력 경험이 감소하는 등 적응 정도가 개선 추세에 있으나, 적응이 어려운 경우에는 또래 관계를 가장 큰 애로사항으로 지목하고 있고, 고민 시 친구·동료와의 상담 비율이 낮고, 상대적으로 부모님에 대한 의존도가 높은 편이다.

4) 경제적 어려움

국제결혼으로 구성된 다문화가정의 경우 경제적 문제로 국내에서 배우자를 구하지 못한 중장년 남성이 동남아시아에서 중개업체를 통해 여성 배우자를 데려오는 경우, 부부 모두 경제적 능력이 떨어질 가능성이 높다. 다문화가정의 경우 가구 전체 월평균 소득이 300만 원 미만인 가구가 절반 정도를 차지하고 있어서 경제적으로 어려움을 겪으며 이는 아동의 학습경험이나 문화체험 부족으로 연결될 수 있다.

4. 다문화가정아동 복지서비스의 내용

증가추세에 있는 다문화아동의 안정적 성장을 위한 역량 강화 및 맞춤형 사회적응 지원 확대를 위해 다양한 서비스를 제공하고 있다.

1) 다문화가족 방문 교육 서비스

(1) 사업목적

집합교육 참여가 어려운 다문화가정에 방문하여 한국어교육, 부모교육, 자녀생활 교육을 제공하고 다문화가족의 정착과 자녀양육을 돕는다.

(2) 지원내용

- 방문 한국어교육 서비스 : 한국어 학습
- 방문 부모교육 서비스 : 임신, 신생아기, 유아기, 아동기 각 생애주기별 부모교육
- 방문 자녀생활 서비스 : 자녀에게 학교생활 및 사회성 발달지원 지도

(3) 지원대상

- 방문 한국어교육 서비스 : 입국 5년 이하의 결혼이민자와 중도입국 자녀
- 방문 부모교육 서비스 : 임신, 신생아기, 유아기, 아동기 각 생애주기별 각 1회
- 방문 자녀생활 서비스 : 만 3~12세 이하의 다문화가족 자녀, 중도입국 자녀

2) 다문화보육료 지원

(1) 사업목적

어린이집을 이용하는 다문화가정의 영유아 자녀에게 보육료를 지원하여 부모의 양육에 대한 부담을 덜고, 부모가 원활한 경제활동을 할 수 있도록 돕는다.

(2) 지원내용

- 보육료 지원

(3) 지원대상

- 다문화가족 중 초등학교 취학 전 만 0~5세아

3) 다문화가족 자녀 언어발달지원서비스

(1) 사업목적

다문화가정의 자녀가 건강한 사회 구성원, 글로벌 인재로 성장할 수 있도록 체계적인 언어발달을 돕는다.

(2) 지원내용

- 대상 아동에게 적합한 평가도구를 활용하여 아동의 언어발달 정도를 평가
- 언어발달 평가 결과, 교육이 필요한 아동을 대상으로 어휘, 구문 발달 촉진, 대화·사회적 의사소통 능력 향상, 읽기 및 이야기하기 등의 발달 촉진을 위한 언어교육 실시
- 대상 아동 부모와의 공감대 형성을 위한 부모상담 및 자녀의 언어발달을 지원하기 위한 부모교육

(3) 지원대상

• 언어평가 및 언어교육이 필요한 만 12세 이하의 다문화가정의 자녀

4) 다문화가족 학령기 자녀 사회포용 안전망 구축

(1) 사업목적

다문화가정의 자녀의 학교 및 사회적응력 강화를 돕는다.

(2) 지원내용

• 정서안정 및 진로취업 지원(다가감) : 다문화가족 학령기 자녀가 생활 전반에서 느낄 수 있는 고민(가정, 학업, 교우 등)을 상담해서 안정적으로 사회에 적응해 나갈 수 있도록 진로 탐색과 취업을 지원
• 취학준비 학습지원(다배움) : 다문화가족 자녀에게 취학 전 읽기, 쓰기, 셈하기 등 기본학습을 지원하여 학교 적응력 향상을 도모

(3) 지원대상

• 다가감 : 다문화가족 학령기 자녀(만 7~18세)
• 다배움 : 다문화가족 미취학 아동 또는 초등학교 1학년에 재학 중인 아동

5) 다문화가족 자녀 진로 지원 사업

(1) 사업목적

다문화가정의 자녀의 학교생활 적응과 진로에 대한 고민을 차별화된 전문가 특강과 진로 진학 컨설팅 지원으로 진로 고민을 해소한다.

(2) 지원내용

• 자녀의 연령에 맞는 맞춤형 학습 및 진로지도

• 자녀 적성 · 진로 진단 검사, 진로 설계, 진로 고민 관련 1 : 1 전문가 상담
• 학부모의 학습지도 유형검사, 입시전략 설계 등

(3) 지원대상

• 다문화가족 자녀 및 학부모

이 외 지방자치단체별로 다문화가정의 한글 습득을 위한 한글교육 지원, 다문화가족축제, 어린이집 입학금 지원, 다문화가족 친정 보내주기 사업 등을 시행하기도 한다. 또한 2023년 다문화 아동 · 청소년 맞춤형 지원 강화정책을 발표했는데 세부 내용은 ❙그림 7-6❙과 같다.

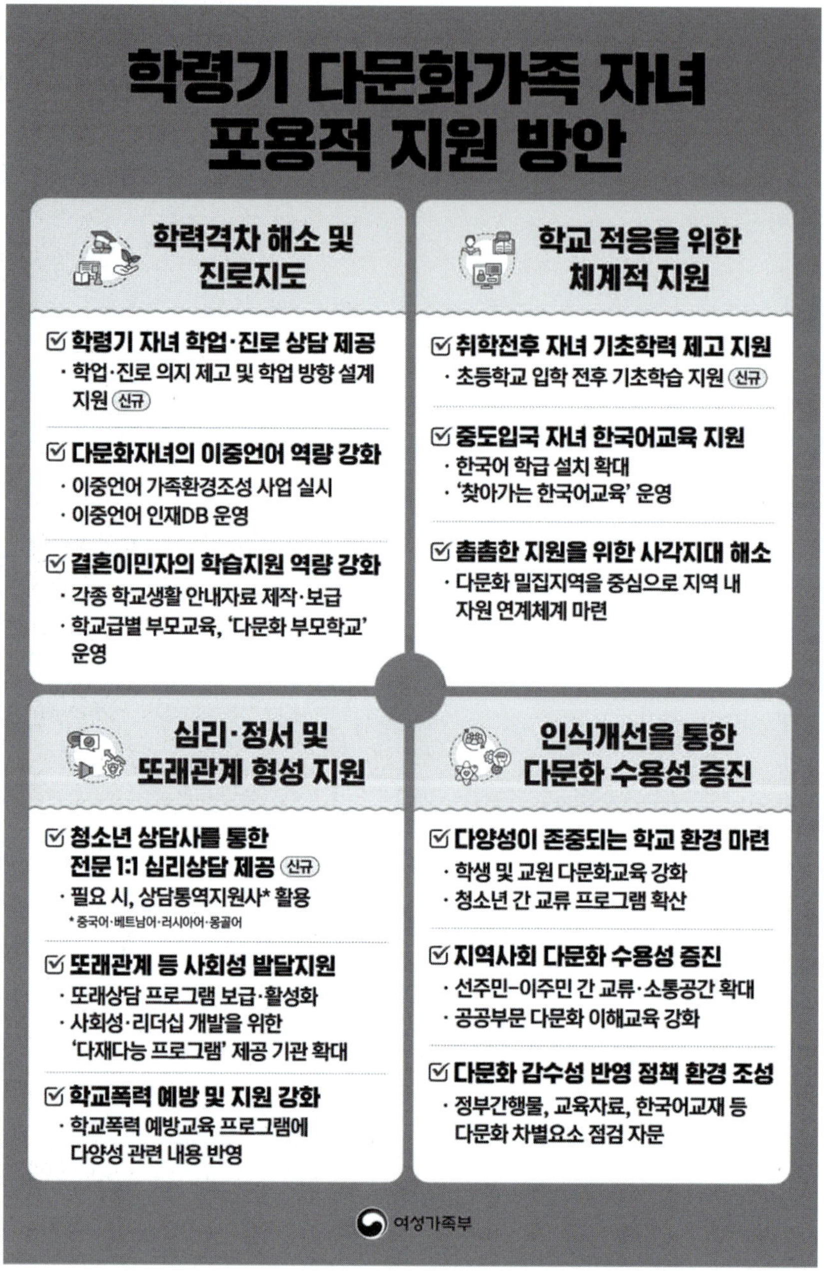

그림 7-6 학령기 다문화가족 자녀 포용적 지원 방안

5. 다문화가정아동 복지서비스의 향후 과제

1) 찾아가는 다문화이해 교육을 영유아기부터 실생활과 연계하여 실시할 수 있는 프로그램 개선 필요

2012년부터 시작된 '국민다문화수용성 조사'는 3년 주기로 실시되고 있으며, 국민의 다문화수용성 정도를 파악해 정책수립의 기초자료로 활용하고 있다. 최근 조사결과를 보면 성인과 청소년 모두 연령이 낮을수록 다문화수용성이 높게 나타난 결과(2021년 다문화수용성 조사)로 보아, 현재 어린이집이나 유치원에서도 다문화 관련 교육을 하기는 하지만 실생활에서 친숙하게 접할 수 있도록 프로그램을 개선할 필요가 있을 것이다. 이렇게 다문화이해교육을 통해 다문화가정 아동에 대한 사회적 편견과 차별을 해소할 수 있는 방안을 적극 모색해야 할 것이다.

2) 다문화 관련 인식개선 캠페인의 지속적인 진행

정부 정책에서 다문화 차별적인 요소가 발생하지 않도록 정책 자문을 시행하는 등 다문화영향평가도 추진하고, 공익광고·라디오매체 등을 활용한 국민 인식개선 캠페인 등을 진행할 필요가 있을 것이다.

chapter

08 장애아동 복지서비스

1. 장애아동의 개념 및 유형

1) 장애의 개념

장애의 개념은 나라와 시대와 사회적 환경에 따라 변화하고, 한 국가의 사회문화적·정치적·경제적 상황에 따라 다르므로 보편적 정의를 내리기가 쉽지 않을 뿐만 아니라 학문 분야에 따라 다르며, 이론과 임상에서도 차이가 있다. 이러한 경향은 장애에 대한 연구와 사회적 이해가 높아질수록 더욱 심화되고 있는데, 1975년 UN은 '장애인권리선언'에서 장애인을 '선천적이든 후천적이든 신체적·후천적 능력이 불완전함으로 인하여 일상의 개인적 또는 사회적 생활에서 필요한 것을 자기 자신으로서는 완전히 또는 부분적으로 확보할 수 없는 사람'으로 정의하였다.

우리나라의 경우는 일반적으로 장애인복지법상의 장애인을 장애개념으로 본다. 즉, "장애인은 신체적·정서적 장애로 인하여 장기간에 걸쳐 일상생활 또는 사회생활에 상당한 제약을 받는 자로서 대통령령이 정하는 장애의 종류 및 기준에 해당하는 자"로 규정한다. 장애아동복지지원법에서의 장애아동은 18세 미만으로 장애인복지법 제32조에 따라 등록한 장애인을 말한다. 다만, 6세 미만의 아동으로서 장애가 있다고 보건복지부장관이 별도로 인정하는 사람을 포함한다.

UN은 1980년에 '세계 장애인의 해 행동계획'을 채택하면서 개인적 특질인 손상(Impairment), 손상으로 인한 기능적 제한인 능력장애(Disabilities), 그리고 장애의 사회적 결과인 사회적 불리(Handicap) 간에 구별을 강조하였다. 그리고 환경이 개인의 일상생활에 있어서 손상의 정도를 결정하기 때문에 장애의 문제는 개인과 환경 간의 관계 속에서 파악되어야 한다고 명시하였다.

장애의 개념을 구체적으로 살펴보면 다음과 같다.

첫째, 기능장애(손상 : Impairment)는 심리적, 생리적 또는 해부학적 구조나 기능의 손실 또는 비정상을 의미한다.

둘째, 능력장애(무능력 : Disability)는 손상으로부터 야기된 것으로서 인간에게 정상적인 것으로 간주되는 범위 내에서의 혹은 그러한 방식으로 활동을 수행하는 능력의 제약 또는 결여를 의미한다.

셋째, 사회적 불이익(Handicap)은 기능장애나 능력장애의 결과로 인해 일반적 상황이나 특수한 상황 속에서 개인이 역할을 수행하는 데 지장을 받는 경우를 말한다.

2001년 세계보건기구는 장애에 대해 새로운 개념을 제시했는데 그것이 바로 ICFDH(International Classification of Functioning, Disabilities and Health)이다. 이 개념은 장애를 사람의 신체적 조건과 개인의 처지와 환경적 요인에 의한 결과라고 주장한다. 장애를 신체의 상태에 따른 결과로 바라보는 과거의 의학적 모델을 극복하고 장애를 신체적 수준, 개인적 수준, 사회적 수준에 의한 기능으로 구분하고 이 모든 부분을 결합한 것이 장애라고 규정한다. 신체적 기능과 구조에 따른 손상과 활동의 제약 그리고 사회참여 제한을 모두 감안해야 한다는 관점이다. 이러한 장애 개념은 장애인에게 인간으로서의 존엄성과 가치를 지니고 행복을 추구할 수 있는 권리가 있기 때문에 이러한 권리가 사회제도로 보장되고 구체적으로 실현되어야 한다는 확고한 인식의 의미이다. 장애인은 사회활동에 완전하게 참여할 수 있어야 하며 개인의 능력과 개성이 존중되어야 한다는 것은 물론이고 전인적인 성장이 보장되어야 한다는 것을 분명하게 규정하는 개념이다.

2) 장애의 범주

장애인의 범주는 장애를 보는 관점에 따라 달라질 수 있다.

첫째, 생물학적 해부학적 관점에서 신체구조 또는 기능상의 이상, 손상, 상실, 결함이 있는 사람을 의미하는 경우(시각장애, 청각장애, 지체장애 등)이다.

둘째, 의학적 관점에서 신체구조 기능상의 만성적 결함으로 정상적인 생활을 하는 데 제한이 있는 사람을 의미하는 경우(신장기능장애, 심장기능장애, 뇌전증장애 등)이다.

셋째, 심리학적 관점에서 지적 능력의 발달지체로 사회생활의 적응에 어려움을 당하고 있는 사람을 의미하는 경우(지적장애, 학습장애, 정서장애 등)이다.

장애인복지법에 근거한 장애의 범주 및 종류는 <표 8－1>과 같이 장애인복지법 시행령과 시행규칙이 전면 개정되어 대폭 확대되면서 장애를 크게 신체적 장애와 정신적 장애로 구분하고 있다.

신체적 장애는 외부와 내부 신체기관의 장애로 나뉜다. 외부 신체기능 장애에는 지체장애, 뇌병변장애, 시각장애, 청각장애, 언어장애, 안면장애가 포함되고, 내부기관 장애에는 신장장애, 심장장애, 간장애, 호흡기장애, 장루·요루장애, 뇌전증장애 등이 포함된다. 그리고 정신적 장애는 지적장애, 정신장애, 자폐성장애로 분류된다.

〈표 8-1〉 **우리나라 장애인복지법에 따른 장애 분류**

대분류	중분류	소분류	세분류
신체적 장애	외부 신체기능의 장애	지체장애	절단장애, 관절장애, 지체기능장애, 변형 등의 장애
		뇌병변장애	중추신경의 손상으로 인한 복합적인 장애
		시각장애	시력장애, 시야결손장애
		청각장애	청력장애, 평형기능장애
		언어장애	언어장애, 음성장애, 구어장애
		안면장애	안면부의 추상, 함몰, 비후 등 변형으로 인한 장애

<table>
<tr><td rowspan="6">신체적 장애</td><td rowspan="6">내부기관의 장애</td><td>신장장애</td><td>투석치료 중이거나 신장을 이식받은 경우</td></tr>
<tr><td>심장장애</td><td>일상생활이 현저히 제한되는 심장기능 이상</td></tr>
<tr><td>간장애</td><td>일상생활이 현저히 제한되는 만성 · 중증의 간기능 이상</td></tr>
<tr><td>호흡기장애</td><td>일상생활이 현저히 제한되는 만성 · 중증의 호흡기기능 이상</td></tr>
<tr><td>장루 · 요루장애</td><td>일상생활이 현저히 제한되는 장루 · 요루</td></tr>
<tr><td>뇌전증장애</td><td>일상생활이 현저히 제한되는 만성 · 중증의 간질</td></tr>
<tr><td rowspan="3">정신적 장애</td><td colspan="2">지적장애</td><td>지능지수가 70 이하인 경우</td></tr>
<tr><td colspan="2">정신장애</td><td>조현병, 조현정동장애, 양극성정동장애, 재발성우울장애</td></tr>
<tr><td colspan="2">자폐성장애</td><td>소아자폐 등 자폐성장애</td></tr>
</table>

출처 : 보건복지부(2018).

2. 장애아동관련법

1) 장애인복지법

1981년 장애인의 인간다운 삶과 권리보장을 위한 국가와 지방자치단체 등의 책임을 명백히 하고, 장애발생 예방과 장애인의 의료 · 교육 · 직업재활 · 생활환경 개선 등에 관한 사업을 정하여 장애인 복지 대책을 종합적으로 추진하며, 장애인의 자립생활 · 보호 및 수당지급 등에 관하여 필요한 사항을 정하여 장애인의 생활 안정에 기여하는 등 장애인의 복지와 사회활동 참여 증진을 통하여 사회통합에 이바지함을 목적으로 설립된 법이다.

예전에는 장애등급을 1~6등급으로 나누어서 구분했으나 장애등급제가 폐지되고 2019년부터 장애의 정도에 따라 중증장애와 경증장애로 나누어서 구분하고 있다.

2) 장애아동복지지원법

2011년 8월 4일 「장애아동복지지원법」이 제정됨으로써 그동안 사각지대에 놓여있던 장애아동의 복지환경이 개선될 수 있는 중요한 계기가 만들어졌다. 이 법은 장애인 등에 대한 특수교육법에 이어 장애인 부모 운동 세력이 이룩한 또 하나의 법제정운동의 성과물이며, 개인별 지원계획의 수립과 사례관리를 포함한 공공의 전달체계를 구축했다는 측면에서 기존의 장애인복지체계에서 진일보한 지원체계를 구축했다.

장애아동복지지원법은 연령을 기준으로 아동기의 장애인을 위한 별도의 복지지원체계를 구축한다는 측면에서 국제적으로 그 입법 예를 찾기 어려운 '한국적인' 복지법이다. 사회복지체계 논의의 참고 자료로 흔히 인용되는 미국이나 일본, 유럽 등의 경우에도 장애유형에 따른 별도의 복지지원체계는 존재하지만 연령에 따른 별도의 장애인복지지원체계는 구축되어 있지 않다.

3) 장애인 등에 대한 특수교육법

장애인 등에 대한 특수교육법은 장애인 등 특수교육에 관한 대한민국의 법으로, 2007년 5월 25일 제정되어 2008년 5월 26일부터 시행되고 있다.

장애인 및 특별한 교육적 요구가 있는 사람에게 통합교육의 환경을 제공하고 생애주기, 장애유형, 장애정도를 고려한 교육을 실시함으로써, 그들이 자아를 실현하고 사회가 통합되는 데 기여할 수 있도록 하는 것이 이 법의 목적이다.

3. 장애아동과 가족이 경험하는 어려움

1) 장애아동이 경험하는 어려움

장애아동은 일상생활 속에서 많은 어려움을 경험하고 있다. 특히 장애의 유형에 따라 경험하는 어려움은 많은 차이가 있다. 장애의 정도나 유형에 따라 기본적인 일상생활이 힘든 경우도 많다.

또 다른 측면은 교육적 측면이다. 장애아동복지지원법 제4조에 "장애아동은 인성 및 정신적 · 신체적 능력을 최대한 계발하기 위해 적절한 교육을 제공받아야 한다"고 규정되어 있지만 장애아동이 어린이집이나 유치원에 다니지 않거나 적절한 시설에 다니지 못하는 등의 어려움이 있었다.

2) 장애아동가족의 어려움

장애아동의 문제는 아동 개인만의 문제로 국한되는 것이 아니라 다양한 문제가 발생되면서 가족 전체의 심리적 안정과 결속의 위험 요소로 작용할 수 있으므로 장애아동 복지서비스의 과제로 인식되어 있다(정영숙, 2003).

대부분의 장애아동 부모는 양육으로 인한 심리적 · 신체적 · 경제적 부담과 함께 장애아동의 미래에 대한 불안을 느끼고 있다. 특히 양육과정에서 발생되는 시간소비, 신체적 피로, 사회적 제약 및 경제적 지출 등이 가족갈등을 유발하기도 한다.

한편 장애아를 형제자매로 둔 비장애아동은 부모의 장애아동에 대한 관심 집중으로 인해 부모로부터 소외감, 과도한 책임감을 느끼거나 부모의 장애자녀에 대한 실망감을 보상하려는 부담감 등으로 인한 가족 갈등을 맞기도 한다.

4. 장애아동 복지서비스의 내용

장애인복지서비스는 우리나라 전체 장애인에 대한 서비스이다. 그러나 아동의 경우 발달 단계상 성인과는 차이가 있고, 아동 본인에게 직접적인 서비스가 제공되는 형태보다 가족을 지원해서 장애아동을 양육할 수 있는 환경을 마련해 주는 것에 초점을 두고 있다.

다시 말해 장애아동을 위한 복지서비스는 장애를 가진 아동뿐 아니라, 아동이 속한 가정의 가족 구성원들이 장애아동을 양육하면서 발생하게 될 다양한 문제들에 대한 예방 및 지원이 필요한 요구를 반영한 서비스를 제공하는 것이다.

1) 장애아동수당

장애로 인하여 생활이 어려운 장애아동이 보다 편안한 생활을 할 수 있도록 중증, 경증 장애아동 양육을 위한 수당을 지급한다. 지원대상은 만 18세 미만의 등록 장애인으로 생계·의료·주거·교육급여 수급자 및 차상위 계층이다.

2) 장애아동가족 양육지원사업

장애아동가족 양육지원사업은 양육자의 상시적인 돌봄 부담으로 비장애 형제자매 등 다른 가족원에게 필요한 가족 기능이 제대로 수행되지 못하는 데 따른 가족 갈등 등 문제가 발생하였고, 기존 장애인 정책이 장애 당사자의 자립, 생활안정, 사회활동 지원을 중심으로 하고 있어 장애아 가족을 위한 지원강화 필요성이 대두되면서 시작된 사업이다.

이에 실제로 돌봄이 필요한 장애아동에게 적기에 돌봄 서비스가 제공되도록 지원하고, 장애아 가정에 대해 실질적인 휴식을 제공해서 장애아동 가족의 일상적인 양육 부담을 경감하고 보호자의 사회활동을 도울 수 있게 되었다.

서비스의 내용은 두 종류로, 첫째, 돌봄서비스는 중위소득 120% 이하의 장애인복지법상 등록 장애 정도가 심한 장애아와 생계・주거를 같이하는 가정에 양육자의 질병, 사회활동 등 일시적 돌봄서비스 필요시 일정한 교육과정을 수료한 돌보미를 파견하여 학습・놀이활동, 안전・신변보호 처리, 외출지원 등 장애아 양육지원 장애아 가족에 대한 고충상담, 장애아의 건강관리 및 응급처치 등의 업무를 수행한다. 둘째, 휴식 지원 프로그램은 소득기준에 상관없이 만 18세 미만의 모든 장애아 가족을 대상으로 하며 돌봄서비스를 받는 가정을 우선 지원하는 정책이다. 프로그램의 내용은 가족관계 회복 및 돌봄노동 분담을 위해 장애아가족 문화・교육 프로그램, 휴식 박람회, 가족 캠프(비대면 프로그램 포함)가 있고, 돌보미를 통한 장애아가족 상담서비스, 생활지도 등 제공 및 자조모임 결성지원 등을 통해 양육의 어려움을 경감하고 정보를 공유할 수 있도록 한다.

3) 장애입양아동 양육보조금 및 의료비 지원

장애아동을 입양한 가정에 양육보조금, 의료비를 지원하여 장애아동의 국내입양 활성화를 도모한다.

4) 장애아 보육료 지원

장애인복지카드(등록증)를 소유한 미취학 만 12세 이하의 아동이 어린이집을 이용할 경우 보육료를 지원하여 부모의 경제적 부담을 경감한다.

5) 발달재활서비스

성장기 장애아동의 인지, 의사소통, 적응행동, 감각・운동 등의 정신적・감각적 기능 향상과 행동발달을 위한 적절한 발달재활서비스 지원 및 정보를 제공하고 높은 발달재활서비스 비용으로 인한 장애아동 양육가족의 경제적 부담을 경감하는 것이 목적이다. 이 서비스의 대상은 시각 · 청각 · 언어 · 지적 · 자폐성 · 뇌병변 장애아동이고, 기준 중위소득 180% 이하(소득별 차등 지원)의 가정의 아동이다. 장애인복지법상 등록장애아동이 대상인데, 영 · 유아(만 6세 미만)의 경우 시각 · 청각 · 언어 · 지적 · 자폐성 · 뇌병변 장애가 예견되어 발달재활서비스가 필요하다고 인정한 발달재활서비스 의뢰 검사자료로 대체해서 서비스를 제공받을 수 있다. 서비스 내용은 언어 · 청능 · 미술심리재활 · 음악재활 · 행동 · 놀이심리 · 재활심리 · 감각발달재활 · 운동발달재활 · 심리운동 등 발달재활서비스이고 의료행위인 물리치료와 작업치료 등 의료기관에서 행해지는 의료지원은 불가하다.

5. 장애아동 복지서비스의 향후 과제

1) 소아재활 의료기관의 확충

중증장애아동의 경우 성장주기와 발달 단계에 따라 꾸준한 재활치료가 지속되어야 한다. 그러기 위해서는 아동의 거주지 인근에 소아재활 의료기관이 있어야 하는데 아동 수에 비해 의료기관의 수가 매우 부족하다. 이에 공공어린이재활병원에 대한 계획이 2019년부터 수립되었지만 아직 건립된 곳이 없다. 추후 소아재활 환자들이 연속성을 가지고 치료를 받을 수 있으려면 거점 공공어린이재활병원을 중심으로 센터들 간 유기적인 의료전달체계가 마련되어야 할 것이다.

2) 장애인의 욕구를 반영한 프로그램 개선

장애인을 격려하고 동기를 부여함으로써 스스로 성장할 수 있도록 도와주는 과정이 되는 장애인 당사자 중심 프로그램이 활성화되어야 한다. 이러한 프로그램은 단순한 재활이나 치료뿐만이 아닌 성장이 그 핵심이다. 장애인이 자신의 약점을 극복하는 것도 중요하지만 장애인의 능력과 기술의 숙련도 그리고 강점 역량을 강화해야 할 것이다. 특히 아동의 경우에는 발달 단계 중 초반이므로 장애 유형에 따른 발달을 지원하는 것도 중요하지만 아동이 성인이 되었을 때 원하는 것이 무엇인지 진로탐색 등이 면밀히 이루어져야 할 것이다. 그러기 위해서는 프로그램의 기획 단계에서부터 당사자의 의견과 욕구가 반영되어야 한다. 이를 위해서는 서비스 이용자인 당사자의 문제와 욕구를 사전에 면밀하게 확인하고 부족한 부분을 보완하면서 장애인의 욕구에 부응하는 서비스를 제공할 수 있는 실천의 단계를 설정해야 할 것이다. 장애인 복지서비스가 성공적으로 정착하기 위해서는 무엇보다도 서비스 수행 인력의 전문성 확보가 담보되어야 한다. 사회복지사, 치료사, 재활 전문인력과 같은 장애인 복지서비스 전문가들의 전문성 함양을 위한 다각적인 노력이 요구된다. 이를 뒷받침하기 위해서는 관련 전문가 양성과 기존인력의 역량강화를 위한 소요 예산 확보가 절실하다.

3) 장애인을 통합된 재활서비스 제공

장애인이 지역사회의 구성원으로서 완전한 사회통합을 이루기 위해서는 장애인을 대상으로 하는 의료, 사회생활, 보육, 교육, 심리상담, 직업재활, 주거문제, 이동 등의 모든 분야에서 통합된 재활서비스가 제공되어야 하며 특히 가족에 대한 지원서비스가 고려되어야 한다. 장애인 복지서비스를 통해 장애인의 숨겨진 재능을 발견하고 그것을 발전시켜 그것이 개인적 만족과 성장으로 이어져 새로운 역할 부여가 가능하도록 지원해야 할 것이다.

chapter

09 학대아동 복지서비스

1. 아동학대의 개념과 요인

1961년 미국에서 신체적 학대에 국한되어 '아동학대'라는 용어가 최초로 사용되었으며 이는 시대와 사회에 따라 다양하게 정의되어 왔다. 일반적으로 아동학대의 개념은 학대의 범위를 어떻게 설정하느냐에 따라 광의의 정의와 협의의 정의로 나눈다.

먼저 광의의 아동학대는 학대와 방임을 구분하지 않고 보호자를 포함한 주변의 모든 환경이 아동의 적절한 발달이나 복지의 보장을 현재 저해하고 있거나 앞으로 저해할 가능성이 있는 것을 의미한다. 협의의 아동학대는 보호자가 아동을 의도적으로 학대하는 행위로 신체적 학대와 같이 그 행위의 결과가 명백히 나타나는 것을 의미한다.

세계보건기구(WHO)는 아동학대를 "아동의 양육에 책임을 지고 있거나 신뢰관계에 있거나, 권위를 가진 사람에 의한 모든 형태의 신체적·정서적으로 가혹한 처사, 성학대, 방임 또는 보호의 태만 및 상업적이거나 다른 형태의 착취로서, 그 결과 아동의 건강, 생존·발달 및 존엄성에 실제적인 해를 끼치거나 그러한 가능성을 초래하는 것"으로 정의하고 있다(안재진, 2002). 한편 우리나라 아동복지법 제3조에 의하면, "보호자를 포함한 성인이 아동의 건강과 복지를 해치거나 정상적인 발달을 저해할 수 있는 신체적·정신적·성적 폭력 또는 가혹행위 및 아동의 보호자에 의하여 이루어지는 유기와 방임"을 아동학대로 정의하고 있다. 여기서 말하는 성인은 만 19세 이상인 사람을 말하고, 보호자는 친권자, 후견인, 아동을 보호・양육・교육하거나 그러한 의무가 있는 자 또는 업무・고용 등의 관계로 사실상 아동을 보호・감독하는 자를 말하며, 지역아동센터, 우리동네키움센터 종사자도 '업무・고용 등의 관계로 사실상 아동을 보호・감독하는 자'에 해당한다.

아동학대의 개념은 아동의 복지를 위하여 신체적 학대뿐만 아니라 정서적 학대나 방임, 아동의 발달을 저해하는 행위나 환경, 더 나아가 아동의 권리보호에 이르는 매우 포괄적인 경우로 규정하고 있다.

2. 아동학대의 유형

1) 신체학대

신체학대는 보호자를 포함한 성인이 아동의 건강 또는 복지를 해치거나 정상적 발달을 저해할 수 있는 신체적 폭력이나 가혹행위를 하는 것을 말한다.

〈표 9-1〉 신체학대의 내용과 징후

내 용	보호자를 포함한 성인이 아동에게 우발적인 사고가 아닌 상황에서 신체적 손상을 입히거나 또는 신체손상을 입도록 허용한 모든 행위를 말한다.
구체적인 신체학대 행위 예	• 직접적으로 신체에 가해지는 행위(손, 발 등으로 때림, 꼬집고 물어뜯는 행위, 조르고 비트는 행위, 할퀴는 행위 등) • 도구를 사용하여 신체를 가해하는 행위(도구로 때림, 흉기 및 뾰족한 도구로 찌름 등) • 완력을 사용하여 신체를 위협하는 행위(강하게 흔듦, 신체부위 묶음, 벽에 밀어붙임, 떠밀고 잡음, 아동 던짐, 거꾸로 매닮, 물에 빠트림 등) • 신체에 유해한 물질로 신체에 가해지는 행위(화학물질 혹은 약물 등으로 신체에 상해를 입히는 행위, 화상을 입힘 등)

신체적 징후	• 설명하기 어려운 신체적 상흔 • 발생 및 회복에 시간차가 있는 상처 • 비슷한 크기의 반복적으로 긁힌 상처 • 사용된 도구의 모양이 그대로 나타나는 상처 • 담뱃불 자국, 뜨거운 물에 잠겨 생긴 화상자국, 회음부에 있는 화상자국, 알고 있는 물체 모양(다리미 등)의 화상자국, 회복속도가 다양한 화상자국 • 입, 입술, 치은, 눈, 외음부 상처 • 긁히거나 물린 자국에 의한 상처 • 손목이나 발목에 긁힌 상처, 영유아에게 발견된 붉게 긁힌 상처 • 성인에 의해 물린 상처 • 겨드랑이, 팔뚝 안쪽, 허벅지 안쪽 등 다치기 어려운 부위의 상처 • 대뇌출혈, 망막출혈, 양쪽 안구 손상, 머리카락이 뜯겨나간 두피 혈종 등을 동반한 복잡한 두부 손상 • 고막 천공이나 귓불이 찢겨진 상처와 같은 귀 손상 • 골격계 손상, 시간차가 있는 골절, 치유 단계가 다른 여러 부위의 골절, 복합 및 나선형 골절, 척추 손상(특히 여러 군데의 골절), 영·유아의 긴 뼈에서 나타나는 간단 골절, 회전상 골절, 걷지 못하는 아이에게서 나타나는 대퇴골절, 골막하 출혈의 방사선 사진, 골단 분리, 골막 변형, 골막 석회화 • 간혈종, 간열상, 십이지장 천공, 궤양 등과 같은 복부손상 • 폐 좌상, 기흉, 흉막삼출과 같은 흉부손상
행동적 징후	• 어른과의 접촉 회피 • 다른 아동이 울 때 공포를 나타냄 • 공격적이거나 위축된 극단적 행동 • 부모에 대한 두려움 • 집에 가는 것을 두려워함 • 위험에 대한 지속적인 경계

2) 정서학대

정서학대는 보호자를 포함한 성인이 아동의 건강 또는 복지를 해치거나 정상적 발달을 저해할 수 있는 정신적 폭력이나 가혹행위를 하는 것을 말한다.

〈표 9-2〉 정서학대의 내용과 징후

구분	내용
내 용	보호자를 포함한 성인이 아동에게 행하는 언어적 모욕, 정서적 위협, 감금이나 억제, 기타 가학적인 행위를 말하며 언어적, 정신적, 심리적 학대라고도 한다
구체적인 정서학대 행위 예	• 원망적/거부적/적대적 또는 경멸적인 언어폭력 등 • 잠을 재우지 않는 것 • 벌거벗겨 내쫓는 행위 • 형제나 친구 등과 비교, 차별, 편애하는 행위 • 가족 내에서 왕따를 시키는 행위 • 아동이 가정폭력을 목격하도록 하는 행위 • 아동을 시설 등에 버리겠다고 위협하거나 짐을 싸서 쫓아내는 행위 • 미성년자 출입금지 업소에 아동을 데리고 다니는 행위 • 아동의 정서발달 및 연령상 감당하기 어려운 것을 강요하는 행위(감금, 약취 및 유인, 아동 노동 착취) • 다른 아동을 학대하도록 강요하는 행위
신체적 징후	• 발달지연 및 성장장애 • 신체발달 저하
행동적 징후	• 특정 물건을 계속 빨고 있거나 물어뜯음 • 행동장애(반사회적, 파괴적 행동장애) • 신경성 기질 장애(놀이장애) • 정신신경성 반응(히스테리, 강박, 공포) • 언어장애 • 극단 행동, 과잉행동, 자살시도 • 실수에 대한 과잉 반응 • 부모와의 접촉에 대한 두려움

3) 성학대

성학대는 보호자를 포함한 성인이 아동의 건강 또는 복지를 해치거나 정상적 발달을 저해할 수 있는 성적 폭력이나 가혹행위를 하는 것을 말한다.

〈표 9-3〉 성학대의 내용과 징후

내 용	보호자를 포함한 성인이 자신의 성적 충족을 목적으로 18세 미만의 아동에게 행하는 모든 성적 행위를 말한다.
구체적인 성학대 행위 예	• 자신의 성적 만족을 위해 아동을 관찰하거나 아동에게 성적인 노출을 하는 행위(옷을 벗기거나 벗겨서 관찰하는 등의 관음적 행위, 성관계 장면을 노출, 나체 및 성기 노출, 자위행위 노출 및 강요, 음란물을 노출하는 행위 등) • 아동을 성적으로 추행하는 행위(구강추행, 성기추행, 항문추행, 기타 신체부위를 성적으로 추행하는 행위 등) • 아동에게 유사성행위를 하는 행위(드라이성교 등) • 성교를 하는 행위(성기삽입, 구강성교, 항문성교) • 성매매를 시키거나 성매매를 매개하는 행위
신체적 징후	• 신체적 지표 • 학령 전 아동의 성병감염 • 임신 • 생식기의 증거 • 아동의 질에 있는 정액 • 찢기거나 손실된 처녀막 • 질에 생긴 상처나 긁힌 자국 • 질의 홍진(紅疹) • 배뇨곤란 • 요도염 • 생식기의 대상포진 • 항문증후 • 항문 괄약근의 손상 • 항문 주변의 멍이나 찰과상 • 항문 내장이 짧아지거나 뒤집힘 • 항문 입구에 생긴 열창 • 항문이 좁아짐 • 회음부의 동통과 가려움 • 변비 • 대변에 혈액이 나옴 • 구강증후 • 입천장의 손상 • 인두(咽頭)임질(pharyngeal gonorrhea)

행동적 징후	1. 성적 행동지표 • 나이에 맞지 않는 성적 행동 • 해박하고 조숙한 성지식 • 명백하게 성적인 묘사를 한 그림들 • 타인과의 성적인 상호관계 • 동물이나 장난감을 대상으로 하는 성적인 상호관계 2. 비(非)성적인 행동지표 • 위축, 환상, 유아적 행동(퇴행행동) • 자기 파괴적 또는 위험을 무릅쓴 모험적인 행동 • 충동성, 산만함 및 주의집중장애 • 혼자 남아 있기를 거부 또는 외톨이 • 특정 유형의 사람들 또는 성에 대한 두려움 • 방화/동물에게 잔혹함(주로 남아의 특징) • 비행, 가출 • 약물 및 알코올 남용 • 자기 파괴적 행동(자살시도) • 범죄행위 • 우울, 불안, 사회관계의 단절 • 수면장애 • 유뇨증/유분증 • 섭식장애(폭식증/거식증) • 야뇨증 • 외상 후 스트레스 장애 • 저조한 학업 수행

4) 방 임

방임은 보호자가 아동을 유기하거나 방임하는 것을 말한다.

〈표 9-4〉 방임의 내용과 징후

<table>
<tr><td>내 용</td><td>방임이란 보호자가 아동에게 위험한 환경에 처하게 하거나 아동에게 필요한 의식주, 의무교육, 의료적 조치 등을 제공하지 않는 행위를 말하며, 유기란 보호자가 아동을 보호하지 않고 버리는 행위를 말한다.</td></tr>
<tr><td>방임 · 유기의 예</td><td>1. 물리적 방임
• 기본적인 의식주를 제공하지 않는 행위
• 불결한 환경이나 위험한 상태에 아동을 방치하는 행위
• 아동의 출생신고를 하지 않는 행위, 보호자가 아동들을 가정 내 두고 가출한 경우
• 보호자가 친족에게 연락하지 않고 무작정 아동을 친족 집 근처에 두고 사라진 경우 등
• 아동을 병원에 입원시키고 사라진 경우
2. 교육적 방임
• 보호자가 아동을 특별한 사유 없이 학교(의무교육)에 보내지 않거나 아동의 무단결석을 방치하는 행위
• 의무교육은 6년의 초등교육 및 3년의 중학교를 의미함(교육기본법 제8조 제1항)
• 초등학교 및 중학교의 장은 해당 학교에 취학할 예정인 아동이나 취학 중인 학생이
① 입학 · 재취학 · 전학 또는 편입학 기일 이후 2일 이내에 입학 · 재취학 · 전학 또는 편입학하지 아니한 경우,
② 정당한 사유 없이 계속하여 2일 이상 결석하는 경우,
③ 학생의 고용자에 의하여 의무교육을 받는 것이 방해당하는 때 지체 없이 그 보호자 또는 고용자에게 해당 아동이나 학생의 취학 또는 출석을 독촉하거나 의무교육을 받는 것을 방해하지 아니하도록 경고하여야 함(초 · 중등교육법 시행령 제25조)
3. 의료적 방임
• 아동에게 필요한 의료적 처치 및 개입을 하지 않는 행위
4. 유기
• 아동을 보호하지 않고 버리는 행위
• 시설 근처에 버리고 가는 행위</td></tr>
<tr><td>신체적 징후</td><td>• 발달 지연 및 성장장애
• 비위생적인 신체상태
• 예방접종과 의학적 치료 불이행으로 인한 건강상태 불량
• 아동에게 악취가 지속적으로 나는 경우</td></tr>
</table>

행동적 징후	• 계절에 맞지 않는 부적절한 옷차림 • 음식을 구걸하거나 훔침 • 비행 또는 도벽 • 학교에 일찍 등교하고 집에 늦게 귀가함 • 지속적인 피로 또는 불안정감 호소 • 수업 중 조는 태도 • 잦은 결석

3. 아동학대의 원인

아동학대의 발생원인은 학자들의 시각에 따라 차이가 있을 수 있으며, 대체로 아동과 부모의 개인적 요인, 가족 내 요인, 사회적 및 문화적 요인으로 분류할 수 있다. 이러한 여러 관점을 포괄한 생태학적 요인이 <표 9-5>와 같이 복합적인 요인으로 나타나고 있다.

〈표 9-5〉 아동학대 요인

요 인	내 용	
부모요인	• 정신질환 • 엄격하고 지배적인 성향 • 우울증 • 미성년부모 • 아동기 학대경험 • 자기이해 부족 • 미혼부모 • 부적절한 자녀 관리 기술 • 왜곡된 양육태도 • 부모역할 책임 과중	• 사회적 기술 부족 • 알코올 및 약물 남용 • 공격성 • 아동기 애착장애 • 사회적 고립 • 부모역할 미숙 • 신체적 · 정신적 발달장애 • 분노통제 부족 • 아동기 빈번한 폭력 목격 • 비일관적 훈육
아동요인	• 질병 • 신체적 발달장애 • 문제행동 • 조산	• 부모 성격과 불일치 • 까다로운 기질 • 원치 않는 임신 • 부모가 싫어하는 사람과 닮음

가족요인	• 결손가정 • 빈곤 • 재혼가정 • 양부모	• 자녀 수의 과다 • 연년생 • 불량한 주거환경 • 확대가족
사회문화적 요인	• 체벌의 허용 • 사생활의 극단적 불간섭 • 지역사회에서 고립	• 빈곤문화 • 권위적 자녀양육 • 폭력적 매스미디어
생태학적 요인	• 가족이 처한 상황적 조건 • 취업상태, 사회적 혜택 • 사회의 가치관과 분위기	• 미시체계 • 외부체계 • 거시적 체계

4. 아동학대 발견 시 버려야 할 편견[1)]

1) '설마 부모가 자녀를 학대하려고?'라는 생각

매년 아동학대 행위자의 82% 이상이 부모이며, 특히 방임은 92% 이상이 부모에 의해 발생하는 것으로 파악된다. 따라서 사건 처리 과정에서 부모라는 이유로 누구나 무조건적인 사랑과 헌신으로 아동을 양육할 것이라는 편견을 가져서는 안 된다. 부모에 의한 학대의 경우 아동학대 행위자가 계부모 혹은 양부모라고 생각할 수 있으나, 통계에 따르면 친부모에 의한 아동학대가 77% 이상이다. 따라서 아동학대 행위자인 부모가 아동의 주된 보호자일 경우 친생 여부와 상관없이 사실 관계를 확인하려는 마음가짐이 필요하다.

1) 보건복지부(2020). 아동학대 대응 업무매뉴얼 발췌.

2) '사랑의 매'가 존재한다는 생각

부모 중에는 자녀를 자신의 소유물로 여기고 '잘못하면 때려서라도 고쳐야 한다'는 잘못된 통념 속에 신체 폭력을 가하기도 한다. 아동의 잘못된 행동은 매맞음으로 고쳐지지도 않으며, 어떤 이유로도 아동을 대상으로 한 폭력이 정당화될 수 없음을 인지해야 한다.

3) '한두 번 맞고 클 수도 있지'라는 생각

아동학대의 85% 이상이 '가정 내 발생'이며, 피해아동의 56% 이상이 '최소 일주일에 한 번 이상 혹은 그보다 자주 학대받았다'고 보고되었다. 따라서 아동학대는 지속적이고 음행적으로 이루어지고 있다는 사실을 인지해야 한다.

4) '아이가 맞을 만한 행동을 했다'라는 생각

학대 피해아동의 82% 이상이 장애, 정서·정신건강, 적응·행동, 발달·신체건강 등에서 다양한 문제적 특성을 보인다. 이는 학대의 유발요인으로 볼 수 있는 한편, 학대 후유증의 결과물이기도 하다. 따라서 사건처리과정에서 아동의 문제행동을 '나 같아도 때리겠다', '이런 애는 어떻게 키우나'라는 편견으로 바라보지 않도록 주의해야 하며, 가족 내 적절한 양육과 교육방법이 자리 잡도록 돕겠다는 자세를 가져야 한다.

5) '있을 수도 있는 일'이라는 생각

아동학대는 고질적으로 반복·확대되는 경향이 있어 초기에 적절히 대응되지 않으면 만성화될 우려가 있으며, '아동사망'이라는 치명적 결과를 초래할 수 있다. 따라서 아동학대 문제는 가정사라는 관점 대신에 아동에 대한 인권 중심의 인식을 가지고 건강한 사회, 사회 범죄 예방을 다지는 첫걸음이라는 태도로 접근하여야 한다.

6) '이 정도가 아동학대?'라는 생각

아동학대는 아동에 대한 신체적 폭력 외에도 정신적 괴롭힘, 성적 수치심이 들게 하는 언행, 보호자의 방임 등 매우 다양한 형태로 발생하고 있다. 따라서 사소한 말이나 작은 행동 하나가 아동에게 돌이킬 수 없는 상처를 줄 수도 있으므로 아동학대에 안이하게 대처해서는 안 된다.

7) '왜 아이가 피해 사실에 대해 말을 안 할까? 학대가 아닌 건 아닐까?'라는 생각

피해아동은 만성화된 학대피해로 무력감과 좌절, 아동학대 행위자에 대한 공포에 사로잡혀 있을 수 있다. 아동학대 사건 처리 과정에서 피해아동이 보호나 안전에 대한 확신 없이 '가족에 의해, 가정 내에서 발생한 피해사실'을 보고하는 것이 쉽지 않으므로 사건 처리 과정에서 아동의 심신 상태에 대한 세심한 관찰과 시간적 배려가 필요하다.

5. 학대받은 아동을 위한 서비스 개입절차

아동학대 신고가 들어오면 업무진행 매뉴얼에 따라 아동학대전담공무원과 아동보호전담요원이 개입하게 된다.

1) 신고접수

국번 없이 112로 통합되어 24시간 운영되고 있고, 신고자의 신분은 법적으로 보호된다.

• 아동학대신고의무자

누구든지 아동학대 범죄를 알게 된 경우나 그 의심이 있는 경우에는 신고할 수 있지만 아동복지시설의 장과 종사자는 신고의무자이다. 신고의무자가 정당한 사유 없이, 그 직무상 아동학대를 알게 되었거나 의심이 되었음에도 신고를 하지 아니한 경우에는 1천만 원 이하의 과태료가 부과된다.

2) 현장조사 및 혐의 판단

신고 접수된 사례는 아동학대 전담공무원과 아동호보 전담요원이 아동학대의심사례인지 일반상담인지를 구분하여 현장조사 실시 여부를 결정하며, 아동학대 의심사례는 반드시 현장조사를 실시하는 것이 원칙이다. 현장조사를 통해 학대 판단 및 사례의 위급성 정도, 피해아동의 안전을 고려해서 충분히 자료와 정보를 수집하고 분석한다. 동시에 피해아동에 대한 신변보호 및 안전조치를 취하고 필요한 서비스를 제공한다.

(1) 아동학대 전담공무원

아동학대 전담공무원은 2020년 3월 '아동학대범죄의 처벌 등에 관한 특례법(아동학대처벌법)' 개정안이 국회를 통과함에 따라 그해 10월부터 시행된 제도다. 이들은 아동학대 사건을 국가가 전문적으로 해결하기 위해 기존 민간기관인 아동보호전문기관이 수행하던 현장 출동 등 초동 조치를 맡아 공무원이 직접 아동학대를 조사하는 업무를 수행하고 아동보호전문기관은 사례관리에 집중한다. 조사 결과는 추후 경찰 조사에 적극 활용된다.

(2) 아동보호 전담요원

정부의 '공공 중심 아동보호 체계구축' 방안에 따라 2020년부터 정부와 광역지방자치단체의 지원 속에서 시·군이 운영 중인 인력이다. 아동학대 등 긴급한 사안 발생 시 초기 대응을 주로 수행하는 아동학대 전담공무원 등과 달리 장기적·통합적 관점에서 보호대상 아동을 보살핀다. 보호대상 아동 발생 시 지방자치단체가 책임지고 보호할 수 있도록 상담, 건강검진, 심리검사를 수행해 개별 보호·관리계획을 수립한다. 보호 계획을 바탕으로 아동의 이익을 고려한 보호가 되고 있는지 정기적으로 아동의 양육 상황을 점검한다. 특히 아동이 보호 종결 후에도 다시 보호 체계로 진입하지 않도록 예방하고 자립하는 데 필요한 사후관리까지 맡는다.

3) 서비스 제공

서비스는 피해아동과 학대행위자, 가정 등 다각적으로 고려하여 필요서비스를 제공한다. 서비스는 응급조치, 일시보호서비스, 의학적 치료, 가정지원 서비스, 사회복지서비스기관 연결, 상담 프로그램 제공 등 다양하다.

4) 사례종결 및 사후 관리

아동보호전문기관의 상담원과 아동학대 전담공무원, 아동보호 전담요원이 수집한 정보를 분석하여 사례개입을 한 것을 마무리하고, 서비스 종결 시 아동 및 가족이 설정한 목표를 달성하고 아동의 안전이 보장되어 학대 위험요소들이 소거되었는지 확인한다.

이후 사후관리 계획을 수립하여 재학대를 예방하고, 가족의 안정유지를 위하여 3개월 이상 사후관리를 한다. 이때 상담원은 매월 1회 직접 방문, 전화 방문 등의 방법으로 피해아동, 학대행위자, 가족과 교류하여 학대 재발을 방지하려는 노력을 기울인다.

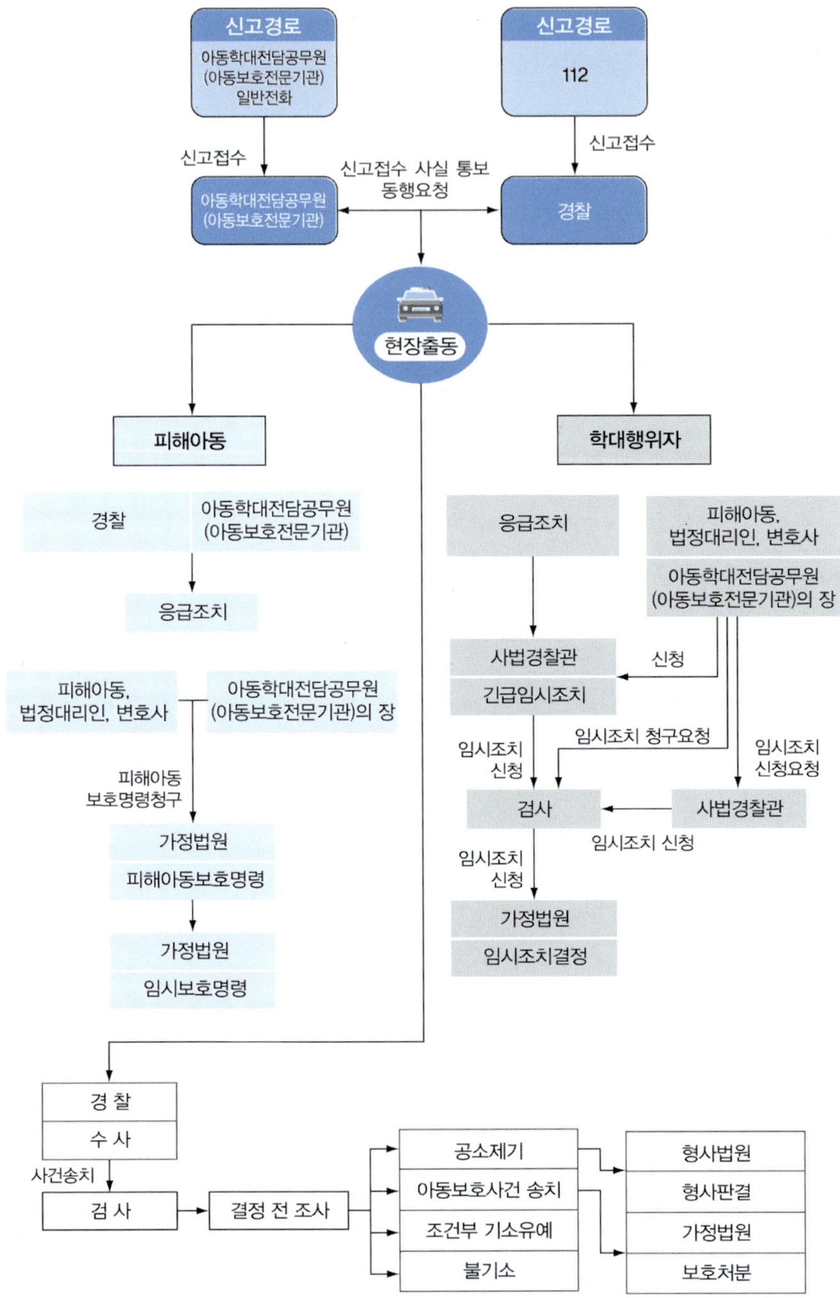

| 그림 9-1 | 아동학대 개입절차

아동학대 체크리스트

- '아동학대 체크리스트'는 아동학대 신고 의무자가 직무 중에 학대로 의심되는 아동을 조기 발견하기 위해 활용되도록 제작되었습니다.
- 1개 문항 이상 '예'라고 체크된 경우, 아동학대를 의심해 볼 수 있는 상황입니다.
- 아동학대가 '의심'되면 아동학대 신고 전화 112로 반드시 신고해 주시기 바랍니다.

번호	체크항목	체크란	
1	사고로 보이기에는 미심쩍은 멍이나 상처가 발생한다.	예 ☐	아니요 ☐
2	상처 및 상흔에 대한 아동 혹은 보호자의 설명이 불명확하다.	예 ☐	아니요 ☐
3	보호자가 아동이 매를 맞고 자라야 한다는 생각을 갖고 있거나 체벌을 사용한다.	예 ☐	아니요 ☐
4	아동이 보호자에게 언어적, 정서적 위협을 당한다.	예 ☐	아니요 ☐
5	아동이 보호자에게 감금, 억제, 기타 가학적인 행위를 당한다.	예 ☐	아니요 ☐
6	기아, 영양실조, 적절하지 못한 영양섭취를 보인다.	예 ☐	아니요 ☐
7	계절에 맞지 않는 옷, 청결하지 못한 외모를 보인다.	예 ☐	아니요 ☐
8	불결한 환경이나 위험한 상태로부터 아동을 보호하지 않고 방치한다.	예 ☐	아니요 ☐
9	성학대로 의심될 성 질환이 있거나 임신 등의 신체적 흔적이 있다.	예 ☐	아니요 ☐
10	나이에 맞지 않는 성적 행동 및 해박하고 조숙한 성지식을 보인다.	예 ☐	아니요 ☐
11	자주 결석하거나 결석에 대한 사유가 불명확하다.	예 ☐	아니요 ☐
12	아동에게 필요한 의료적 처치 혹은 예방접종을 실시하지 않는다.	예 ☐	아니요 ☐
13	보호자에 대한 거부감과 두려움을 보이고, 집(보호기관)으로 돌아가는 것에 대해 두려워한다.	예 ☐	아니요 ☐
14	아동이 매우 공격적이거나 위축된 모습 등의 극단적인 행동을 한다.	예 ☐	아니요 ☐

6. 학대아동 복지서비스의 향후 과제

아동학대는 충분한 기반시설 확충과 시스템 구축·관계기관 간 공조가 있어야 아동학대 발생과 피해를 최소화할 수 있다. 현재 마련된 법과 정책을 정착하고 실현하기 위해서는 기반 시설이 뒷받침되어야 한다. 아동학대 사례개입은 휴먼서비스와 전문성이 결합된 형태로 지원되며, 아동학대 조사를 위한 경찰동행 등 신속성이 동시에 요구되기 때문에 지방자치단체 시·군·구별 기관이 절대적으로 필요하다. 또한 학대피해에 노출되었던 아동의 안전한 응급보호와 심리적 안정을 위해 가정과 같은 유사한 환경을 갖춘 쉼터와 전문가정위탁제도가 활성화되어야 한다. 이 모든 일을 현장에서 감당해 내는 아동학대 대응인력의 처우개선도 뒤따라야 한다.

1) 아동학대 대응 업무 체계의 이원화 개선

아동보호팀이 구축되기 전까지 아동학대 조사와 학대 피해아동에 대한 사례관리는 민간 영역의 아동보호전문기관에 맡겨져 있었다. 그러나 인력과 예산 및 인프라의 부족, 특히 아동학대 대응 업무의 공권력 부재로 인한 아동학대 예방·대응체계의 문제점이 지속적으로 제기되어 왔다. 이러한 문제의식 속에서 2019년 5월 이후 아동보호의 국가 책임성 강화를 위한 포용국가 아동정책이 본격적으로 추진되었다. 전국의 지방자치단체에 아동보호팀을 설치하여 아동학대 전담공무원을 배치하였고, 아동학대 신고 사례에 대한 조사를 공공으로 이관하여 수행하고 있다. 한편 학대 피해아동 사례관리는 아동보호전문기관에 남겨져 있어 아동학대 대응 업무는 이원화된 상황이나 아동학대 전담공무원은 아동보호전문기관의 사례관리에 대한 모니터링, 피해아동 보호명령 청구권, 학대 사례 종결에 대한 권한 등 학대 피해아동 보호를 위한 판단과 결정의 최종 권한을 가지고 있다. 이러한 급속한 아동보호 체계 개편 및 재구조화 과정에서 아동학대 조사 판단과 사례관리의 이원적 분절화로 인하여 조사 과정에서의 학대 피해아동 보호의 불연속성 문제, 아동보호전문기관의 사례관리 업무에 대한 아동복지법상의 법적 근거와 권한에 대한 명확한 규정의 필요성 등 지속적인 법·제도 정비의 필요성이 제기되고 있다.

2) 아동보호 전담요원의 열악한 업무 환경 개선

아동보호 전담요원이 배치되기 전까지 보호대상아동의 발생, 분리 및 보호 조치 등 사후관리에 이르는 아동보호의 전 과정에서 공적 개입은 없었고, 보호대상아동은 발견된 곳에서 가정 보호나 원가정 복귀 기회조차 제공되지 못한 채 방치되어 왔다. 이러한 문제를 해결하기 위해 아동보호 전담요원이 배치되었고, 아동의 분리·보호 조치는 물론 사후관리에 대한 공적 개입이 시작되어 아동 최선의 이익을 고려하는 보호 서비스 제공, 보호 서비스의 연속적·통합적 제공 체계가 구축되었다. 그러나 아동보호 전담요원 업무의 엄중성과 책임성을 고려할 때, 장기간의 전문성 축적과 연속적인 보호 서비스 제공이 중요하지만 업무 요건은 이를 뒷받침하고 있지 못하다. 전국 229개 시·군·구에 배치된 아동보호 전담요원은 334명으로 1개 지방자치단체당 평균 1.5명에도 미치지 못하며, 대부분이 시간제, 계약직으로 고용되어 장기근속을 통한 전문성 축적이 어려운 환경이고 행정정보 시스템 접근 및 공공 인력으로서의 업무 권한도 제한되어 있다.

chapter

10 빈곤아동 복지서비스

1. 빈곤의 개념

산업사회 이후 급변하는 사회적 환경에 따라 빈곤아동은 다양한 형태로 발생되고 있으며, 이들이 겪는 문제도 경제적 궁핍을 넘어선 문제로 심화되어 가고 있다. 빈곤은 물질적 빈곤으로 출발하지만, 그 결과는 매우 광범위하게 나타나고 있다.

1) 빈곤의 개념

일반적으로 빈곤이란 기본적 욕구충족을 위해 재화와 서비스를 사용할 수 있는 능력이 부족하거나 결여되어 있는 상태라 볼 수 있다. 따라서 빈곤은 경제적 측면에서의 결핍이나 부족뿐만 아니라 사회문화적 차원에서의 결핍이나 부족, 박탈이나 불평등까지 매우 다양하게 정의할 수 있다.

(1) 절대적 빈곤

절대적 빈곤이란 개인 및 가족이 생존에 필요한 의식주를 해결하지 못하는 소득이 결핍된 상태를 말한다. 절대적 빈곤은 주로 기본적 욕구 방법과 음식비 비율 방법으로 계측되는데, 기본적 욕구 방법은 음식, 주거, 의복 등의 욕구를 해결하는 데 드는 비용에 따른다. 우리나라의 경우 최저생계비 계측에 따라 국민기초생활보장을 위한 대상자 선정과 급여의 수준을 결정하고 있다.

(2) 상대적 빈곤

상대적 빈곤이란 사회의 평균 또는 일정 생활수준과 비교해 볼 때 상대적으로 적게 가지고 있는 상태를 말한다. 상대적 빈곤을 측정하는 방법은 평균소득(mean income)이나 중위소득(median income)의 일정 수준 이하를 빈곤으로 정의하거나 전체 소득 분포상에서 일정 수준 이하를 빈곤으로 정의하는 것이다(이두호 외, 1991).

빈곤의 개념으로는 절대적 빈곤보다는 상대적 빈곤 개념이 주로 사용되고 있으며, 기본적 욕구가 충족되더라도 일부 집단이 다른 집단에 비해 자원, 기회, 그리고 현물을 부족하게 소유한 경우를 의미한다.

상대적 빈곤은 국가와 국제기구에 따라 다르게 측정되고 있다. OECD에서는 중위소득의 40% 이하로 측정하며, 세계은행은 선진국의 경우 평균 가구소득의 50% 이하, 개발도상국의 경우 평균 가구소득의 1/3 이하를 기준으로 삼는다. 우리나라에서는 평균 가구소득의 하위 20%, 또는 가구평균지출의 60% 정도를 상대적 빈곤선으로 규정하는데, 차상위계층을 포함할 때에는 평균 가구소득의 50%를 규정하고 있다(임시아, 2013 : 120).

(3) 주관적 빈곤

객관적 기준 없이 주관적 판단에 의해 정의되는 빈곤이다. 따라서 주관적 빈곤은 객관적으로 일치되게 정의하기는 어렵다. 주관적 빈곤을 측정하는 방법에는 일반적으로 두 가지 방식이 있다.

첫째, 사회조사에 의한 방법은 한 세대가 지역사회에서 살아가는 데 필요한 최소한의 비용이 얼마인지를 사람들에게 설문조사를 실시하여 응답한 금액을 평균하여 산출한 금액을 빈곤선으로 결정한다. 따라서 그와 같은 빈곤선 이하의 사람들은 빈민이 된다.

둘째, 네덜란드 라이덴 대학의 학자들이 개발한 방법이다. 이 방식은 사람들에게 자신들의 사회 · 경제적 상황을 고려하여 살아가는 데 필요한 최소 소득이 얼마인지를 묻고, 이를 바탕으로 응답한 최소 소득과 그들의 실제 소득을 비교하여 최소 소득과 실제 소득이 일치하는 점을 빈곤선으로 결정한다. 이것은 일반적으로 개인들의 실제 소득이 높아지면 그들이 주관적으로 판단한 최소 소득도 높아진다는 점을 바탕으로 한다.

결국 빈곤아동은 빈곤이라는 개념과 아동이라는 개념의 합성어로서 빈곤한 가정의 만 18세 미만의 아동으로 정의할 수 있다.

2. 빈곤의 원인

빈곤에 원인에 대한 학자들의 견해는 다양한데, 이 중 기능주의적 관점, 갈등주의적 관점, 낙인주의적 관점에 대해서 알아보고자 한다.

1) 기능주의적 관점

개인의 사회화에 초점을 두는 기능주의 이론은 가구주의 사망, 질병, 불구, 노령, 낮은 교육 수준 등을 빈곤의 요인으로 본다. 빈곤이 사회문제가 되는 것도 사회체계의 기능에 기여하기 때문에 존재하는 것으로 보고 빈곤층이 사회에 적응하지 못하고 적절한 기능을 수행하지 못하여 발생하는 이탈행위로 본다. 또한 이 관점은 첫째, 폭넓은 기회가 존재하고 있으며 또한 개인들에게 이러한 기회가 광범위하게 제공되고 있다는 것, 둘째, 능력이 있고 열심히 일하는 사람들은 적절한 보상을 받음으로써 성공할 수 있다는 것, 셋째, 빈민은 자신들의 노력이나 능력이 부족하여 빈곤하다는 것을 암묵적으로 수용하고 있다. 아울러 빈곤의 발생이 개인의 결함에 그 원인이 있다는 주장은 크게 세 가지로 구분할 수 있다.

첫째, 열등 유전요인이 빈곤의 발생과 관련이 있다는 주장이다. 사회병리론이나 사회진화론에서 이미 언급하였듯이 유전적인 결함이 사회적 부적응이나 사회화의 결여를 야기하고, 그 결과로서 빈곤이 발생할 수 있다는 것이다. 신체적·정서적 장애나 열등한 지적 능력의 유전이 빈곤의 결정요인이 될 수 있다는 주장이다(Stanley & Baca, 2000).

둘째, 개인의 잘못된 선택에 의해 빈곤이 발생할 수 있다는 것이다. 즉, 여가, 노동, 안전 추구나 위험에의 도전 등에 대한 개인의 선택에 의하여 빈부(貧富)가 결정될 수 있는 것이다.

가령 개인이 여가 대신 노동을 추구할수록 높은 임금을 얻을 수 있고, 안정을 추구하는 대신에 위험 부담을 감수하면서 도전하여 성공할 경우에 높은 소득을 얻을 수 있다. 반면에 노동 대신 여가를 선택한 경우나 위험에 도전하였지만 실패한 개인은 빈곤상태에 빠질 수 있는 것이다.

2) 갈등주의적 관점

한 집단이 사회 내의 다른 집단보다 더 적은 경제적 자원을 가질 때 빈곤이 존재한다고 본다. 이 관점은 재산, 지식, 자원, 기회 등의 무소유와 충족 상태, 즉 사회적 불평등의 관점에서 빈곤의 원인을 보고 있다.

3) 낙인주의적 관점

빈곤이 원인을 개인적 요인, 즉 동기의 결여, 낮은 열망 수준, 무절제, 게으름, 과다한 출산, 부적응 같은 개인의 결함과 책임을 강조한다. 이 관점은 단지 경제적 박탈의 문제가 아니라 인격체의 자아 개념과 관련됨을 강조한다.

3. 빈곤아동의 문제

1) 신체적 문제

빈곤아동과 일반아동의 가장 큰 차이점으로 빈곤아동은 출생 시부터 신체적 건강에서 부정적 결과를 보일 확률이 높고, 발달 과정에서 낮은 성취도를 보이기도 한다. 특히 어린 영유아의 경우 빈곤이 직접적으로 의식주와 관련이 되어 있다면 그 영향은 더욱 더 크다.

2) 정서 및 행동 문제

빈곤이 아동의 사회정서 발달에 부정적인 영향을 미친다는 연구결과가 다수 있다. 빈곤은 아동의 자신감과 절망감, 우울, 행동문제, 또래 갈등에 영향을 미치며, 약물사용, 범죄, 비행, 폭력에 대한 접근이 쉽다. 지속적 빈곤에 노출된 아동의 경우 우울과 불안의 문제를 많이 보였고, 일시적 빈곤에 노출된 아동은 공격성과 같은 외현적 문제를 많이 보이는 것으로 나타났다.

3) 학업수행 문제

빈곤아동은 학교 환경에서 학업성취도에서 낮은 수행을 보이고, 학교로부터 적절한 사회적 지지를 받지 못하고 있다고 느끼는 경우가 많았다. 실제로 아동기 초기의 빈곤 경험이 청소년기 전반에 영향을 미치고 이는 성인기까지 이어지게 되어 건강, 교육수준, 노동시장에서의 사회경제적 지위에 부정적인 영향을 미친다고 나타났다.

4) 가족 내 갈등

빈곤은 가정 내 갈등을 유발하는 요인이 되기도 하는데 의사소통, 훈육 및 감독 등 전반적인 가정생활에 부정적인 영향을 미치는 것으로 나타났다. 사회경제적으로 취약한 계층의 부모들은 경제적 어려움으로 인한 개인 스트레스를 높게 지각하고, 이는 부부관계가 자녀양육 태도에도 영향을 미쳐 빈번하게 갈등상황을 경험하는 것으로 나타났다.

4. 빈곤아동 복지서비스의 내용

1) 소년소녀가정 지원사업

소년소녀가정(youth family) 지원사업은 1984년 '소년소녀가장세대 보호대책'으로 실시되었으나 2000년 9월 '소년소녀가정 지원사업'으로 변경되었으며, 이 사업의 목적은 실질적으로 가정을 이끌어 가는 소년소녀가정의 아동에 대하여 생활보장을 실시함으로써 자립능력 배양 및 건전한 사회인으로 성장하도록 지원하는 데 있다.

2013년부터는 UN에서 소년소녀가정 제도는 아동에게 위험을 초래할 수 있다고 폐지를 권고하여 지정을 금지하고 기존의 소년소녀가정은 가정위탁보호로 전환을 추진하였고(2022 아동분야사업안내), 아동이 만 15세 이상으로 아동복지법 제19조에 의해 후견인을 선임하는 경우에 한해 추가지정이 가능했다.

◈ 국민기초생활보장법에 의한 수급자(가구) 중 만 18세 미만(출생일 기준)의 아동이 실질적으로 가정을 이끌어 가고 있는 세대
- 만 18세 미만의 아동으로만 구성된 세대
- 만 18세 미만의 아동이 부양능력이 없는 부모와 동거하는 세대
※ 18세 미만의 아동이 국민기초생활보장법상 부양의무자(부모 제외)와 동거하는 경우에는 「아동복지법」 제15조 제1항 제3호의 일반가정위탁(친인척)으로 선정하고, 부양의무자가 아닌 사람과 동거하는 경우에는 일반가정위탁(친인척 외)으로 선정

◈ 15세 미만의 아동으로만 세대를 구성할 경우 소년소녀가정 지정을 금지하고 가정위탁이나 시설(그룹홈)입소 등 「아동복지법」 제15조에 따른 보호조치 실시
- 다만, 15세 이상인 형제, 자매가 1인 이상 포함된 세대로서, 당해 아동이 지역사회 내에서 독립적으로 오랫동안 생활해 왔고, 동거하지는 않으나 주변에 친·인척 등이 거주하여 수시로 보호를 받고 있어 가정위탁이나 시설(그룹홈) 입소가 적절하지 않다고 판단되는 때에는 예외적으로 지정

◈ 지원아동이 만 18세 이상이나 중·고등학교에 재학 중인 경우에는 졸업 시(졸업하는 날이 속하는 달)까지 지원 가능

2) 한부모가족 지원사업

모·부자가정 지원사업은 1989년 모자복지법이 제정됨에 따라 모자복지사업으로 시작되었다. 이후 정부는 저소득 부자가정의 경우도 모자가정과 마찬가지로 어려움이 발생되는 현실을 인정하여 이들의 자립생활을 지원하기 위하여 모자복지법에 의해 모자가정과 동일한 기준으로 부자가정을 지원하여 왔다. 2002년 모자복지법은 모·부자복지법으로 개정되었으며, 보호대상자 자녀가 취학 중인 때에는 22세 미만까지 지원을 확대하였다. 그리고 65세의 고령자들과 손자녀로 구성되어 있는 조손가족도 이 법에 따라 보호하기 위하여 2007년 한부모가족지원법으로 개정하였다.

저소득 한부모가족 지원사업의 대상은 세대주인 모 또는 부와 그들에 의해 양육되는 18세 미만의 자녀(취학 시 22세 미만)로 이루어진 가정(세대)으로서 선정기준은 한부모가족지원법에 따른다. 한부모가족은 부모가 한 사람만 있는 가족을 말하며, 기존의 편모, 편부 용어의 부정적 이미지를 온전하고 가득하다는 순우리말의 '한'을 붙여 부르는 이름이다. 한부모가족으로 선정 시

지원대상 세대주인 모 또는 부를 구체적으로 보면 다음과 같다(노병일, 2013; 주정일 · 이소희, 2003).

한부모가족지원법에서의 한부모는 부자가족, 모자가족, 조손가족, 세대주인 모 또는 부가 만 24세 이하의 청소년한부모가 대상이다. 이 사업은 한부모가족아동양육비, 아동교육비, 생활보조금, 청소년한부모자립지원을 위한 검정고시학습비 지원, 청소년한부모 자립지원패키지 등의 서비스를 제공한다.

3) 가족역량강화지원사업(가족희망드림지원)

기준 중위소득 100% 이하 (손)자녀를 둔 한부모 · 조손가족, 청소년부모 등 가족기능 강화가 필요한 가족 및 경제 · 사회적 위기사건을 직면한 위기가족이 가진 복합적 문제 해결과 욕구 해소를 위해 지속적인 사례관리를 통한 가족기능 회복과 정서, 경제적 자립역향 강화를 도모하기 위한 사업이다. 이를 위해 심리 · 경제적 자립, 역량 강화를 위한 지속적인 사례관리, 정보제공 및 지역사회 자원 활용 · 연계, 부모교육, 가족관계, 자녀양육교육 등 프로그램 및 자조 모임, 자녀 학습 · 정서 지원(배움지도사 파견), 청소년부모 지원(청소년부모 멘토, 법률지원, 전문심리지원), 생활도움서비스(키움보듬이 파견), 긴급 위기지원(지지리더, 키움보듬이 파견) 서비스를 제공한다.

4) 아동급식지원사업

아동급식지원사업은 아동이 가정빈곤, 가족해체, 가정위탁, 소년소녀가정, 부모(보호자)의 실직, 질병, 가출 및 직업적 특성, 아동학대, 방임, 유기, 부양기피 및 거부, 그 밖에 여러 가지 사유로 인한 가정사정으로 제대로 보살핌을 받지 못해 끼니를 거르거나 먹는다 해도 필요한 영양을 충분히 공급받지 못하는 경우, 아동의 건강한 성장을 위하여 식사를 제공하거나, 식사를 할 수 있도록 관련식품 등을 지원하기 위해 2000년에 시작한 사업이다.

급식사업의 대상은 경제적 빈곤 또는 가족기능 결손 등으로 인하여 결식하는 아동 또는 결식 우려가 높은 18세 미만 미취학 및 취학아동으로 사회복지전담공무원이 급식이 필요하다고 인정하는 대상에게 지원하고 있다.

기초생활수급자 또는 차상위계층의 자녀는 해당 가정의 절대적인 소득수준이 낮기도 하거니와 부모의 맞벌이 등으로 인해 학교에서 급식을 제공하지 않을 경우 끼니를 해결하기 어려워진다. 이는 아동의 결식으로 이어지게 되며 아동급식으로 인해 신체가 성장하는 시기의 아동에게 충분한 양의 영양분이 지속적으로 공급되지 못한다면 아동의 신체적, 정신적 발달에 치명적인 악영향을 미치므로 정부가 바우처의 형식으로 아동이 일반음식점 등에서 끼니를 해결할 수 있도록 보조하는 데 그 목적이 있다.

제공하는 형태는 단체급식소나 일반음식점을 가맹점으로 활용, 도시락 배달을 하거나 아동이 다양한 곳에서 질 좋은 식사를 할 수 있도록 지역 내 모든 일반음식점에서 사용할 수 있는 아동급식카드를 제공하기도 한다. 급식카드는 2005년 이래 각 지방자치단체에서 결식아동 급식사업의 일환으로 저소득층 아이들에게 발급하는 IC 카드로 경제적 빈곤 상태에 놓여 있는 가정의 자녀가 학교에서 급식을 먹지 못할 경우 학교 바깥에서 급식에 준하는 식사를 할 수 있도록 정부에서 보조하는 카드이다.

싹트는가게

아동급식지원가맹점

[그림 10-1] 아동급식지원 가맹점 명칭 및 표시마크

5) 드림스타트(Dream Start)

미국의 'Head Start', 캐나다의 'Fair Start', 영국의 'Sure Start' 등 외국의 빈곤층 아동지원 프로그램에는 'Start'라는 용어가 사용되는데, 빈곤층 아동에게 교육·복지적 측면에서 공정하고 확실한 출발선(start)을 마련해 주어 성인이 될 때 가난에서 벗어날 수 있게 하는 것을 기본 정신으로 가난의 대물림을 예방하는 프로그램이다. 우리나라는 민간 차원에서 2004년 5월 우리사회 모두(we)가 빈곤층 아동의 출발(start)을 도와주자는 시민운동 형태로 We Start가 먼저 시작되었고, 2007년에 비로소 정부에서 공공 차원으로 빈곤의 대물림을 끊어주겠다는 취지로 Dream Start 사업을 실시하게 되었다.

(1) 추진배경

첫째, 가족해체에 따른 가족기능 약화·사회 양극화로 빈곤의 대물림이 심화되고 있으나, 밀착형 서비스가 필요한 취약계층 아동에 대한 집중 관리는 미흡하여 보호를 필요로 하는 아동이 증가하고 있다.

둘째, 모든 아동에게 동등한 출발기회 제공 및 건강하고 행복하게 성장할 권리 보장을 위해 아동의 욕구와 강점에 초점을 둔 통합사례관리의 필요성이 있다.

셋째, 국가 성장잠재력 제고를 위한 선제적 인적 투자로서 아동에 대한 지원 필요성이 있고, 아동기의 빈곤은 아동의 전 생애는 물론 사회 전체 발전 가능성을 저해하고, 아동발달에 대한 조기 개입은 성장과 복지의 선순환을 달성, 사회통합 유도 등 사회적 환원 효과가 높다.

(2) 대상

기초생활수급가정 및 차상위계층 아동(0~12세까지) 및 임산부

(3) 주요 사업내용

〈표 10-1〉 드림스타트센터 서비스 내용

서비스 영역	서비스 내용
신체/건강 서비스	• 건강검진 및 예방(신체 및 건강검진, 예방접종, 치과검진 및 관련 교육, 건강교육, 클리닉, 응급처치 및 영양 관련 교육 등) • 건강관리(질병 관련 치료지원 등)
인지/언어 서비스	• 기초학습(기초학력검사, 기초학력배양, 독서지도, 경제교육 등) • 학습지원(교구재활용학습, 공부방, 도서관운영, 보충학습, 예체능, 학습지 지원 등)
정서/행동 서비스	• 사회정서(사회성발달, 정서발달, 아동권리교육, 아동학대 예방, 성폭력 예방, 다문화 관련 교육, 소방 및 안전교육, 진로지도 등) • 심리행동(심리상담 및 치료, 인터넷중독 상담 및 치료) • 보호(돌봄기관 연계, 야간 보호 및 교육 등) • 문화체험(체험학습, 영화 및 공연관람, 캠프 등)
부모 및 가족, 임산부 서비스	• 부모교육(상담 및 교육, 자녀발달, 양육, 자조모임 등) • 부모지원(취업지원, 자활상담, 가계경제상담 등) • 양육지원(다문화가정지원, 취미, 여가, 안전 및 건강지원 등) • 산전 · 산후관리 등

6) 아동발달지원계좌(디딤씨앗통장)

'아동발달지원계좌사업'은 '디딤씨앗통장'으로 불리고 있는데, 저소득층 아동의 사회자립을 지원하기 위해 실시 중인 아동발달지원계좌사업(CDA : Children Development Accounts)을 국민들이 쉽게 이해할 수 있도록 하기 위한 브랜드로, '아동의 희망과 꿈을 실현하는 데 디딤돌이 되는 종잣돈(seed money)'이라는 의미를 담고 있다. 디딤씨앗통장은 취약계층 아동이 사회에 진출할 때 필요한 초기비용 마련을 지원하고자, 정부에서 운영하는 유일한 아동자산형성지원사업이다.

(1) 지원대상

- (보호대상 아동) 만 18세 미만의 아동복지시설 보호아동, 가정위탁보호아동, 장애인생활시설아동, 소년소녀가정 아동
- (기초생활수급가구 아동) 중위소득 40% 이하의 수급가구 아동 중 신규선정(만 12~17세)하여 만 18세 미만까지 지원

(2) 지원내용

- 대상아동이 월 5만 원 내에서 적립하면 국가(지방자치단체)가 월 10만 원 내에서 1 : 2 매칭
- 아동적립금은 최대 월 50만 원으로 추가적립금에 대한 국가 매칭은 없음

(3) 지원기간

가입 시부터 만 19세 미만까지 지원

(4) 적립금 사용

- 만 18세(만기)

  이후 학자금, 기술자격 및 취업훈련비용, 창업지원금, 주거마련 지원 등 자립을 위한 용도에 한하여 사용 가능
- 만 24세까지

  학자금 · 기술자격취득 · 주거마련 등 자립 사용 용도가 발생하지 않은 경우, 만 24세 도달 시 사용 용도 제한 없이 아동 적립금 및 정부 매칭 지원금의 지급 가능

❙그림 10-2❙ 디딤씨앗통장

출처 : 아동권리보장원(2022).

7) 지역아동센터

지역아동센터는 아동복지시설의 하나로 방과 후 돌봄이 필요한 지역사회 아동의 건전육성을 위하여 보호·교육, 건전한 놀이와 오락의 제공, 보호자와 지역사회의 연계 등 종합적인 복지서비스를 제공하기 위한 기관이다.

(1) 지원대상

18세 미만 아동으로서 초등학교 및 중학교에 재학 중인 아동이고, 학교 밖 청소년으로서 만 18세 미만의 아동의 경우를 포함한다.

(2) 프로그램

지역아동센터에서는 지역 내에 있는 아이들의 안전한 보호 및 돌봄 기능은 물론 다양한 교육 프로그램, 체험 프로그램, 상담, 그리고 복지와 문화체험, 가정방문, 견학, 캠프 등의 여러 가지 프로그램을 지역사회와 연계하여 진행하고 있다. 또한 부모 교육 및 상담을 진행한다.

〈표 10-2〉 지역아동센터 프로그램

서비스 영역	내 용	프로그램
보 호	안전한 곳에서 건강한 생활을 할 수 있도록 지원	일상생활관리, 위생건강관리, 급식지도, 생활안전지도, 안전귀가지도, 5대안전의무교육
교 육	아동·청소년의 특성을 반영한 교육을 통해 성장할 수 있도록 지원	학습, 숙제 등 교과학습지도, 예체능 활동, 자치회의 및 동아리 활동 등
문 화	아동·청소년의 욕구에 맞는 체험활동 및 참여활동을 통해 공동체생활의 즐거움을 제공하고 정서적 성장을 촉진	체험과 참여활동, 관람, 견학, 캠프, 놀이활동 등
정서지원	아동·청소년 및 가족에 대해 지원을 통해 가족기능을 강화	아동의 심리, 정서적 지지, 부모, 가족상담 등 정서적 안정 및 사회성 발달 지원
지역사회연계	지역네트워크를 통해 아동·청소년에게 필요한 서비스를 제공	지역사회 내 인적·물적 자원 연계를 통한 다양한 프로그램 진행

출처 : 지역아동센터 서울시지원단.

5. 빈곤아동 복지서비스의 향후 과제

(1) 빈곤가정 아동에 조기 투자 및 특성별 맞춤형 지원 필요

빈곤가정이 현재 당면한 가장 큰 문제는 '경제적 어려움'으로, 영유아 양육에 현금지원이 필요하다는 조사결과가 있었다. 경제적 여건이 개선되었을 때, 일반 빈곤가정, 한부모 및 미혼모 가정은 여가·문화생활에, 조손가정은 학원·특별활동에 투자하고 싶다고 응답하는 경우가 많았는데, 이러한 결과를 볼 때 빈곤가정 아동에 대한 조기 투자와 빈곤가정 특성별 맞춤형 지원제공이 필요할 것이다.

(2) 신체적·정서적 건강관리 강화

빈곤아동은 일반 아동에 비해 건강과 발달 정도가 부진하며, 정서 및 행동 문제에서 일반 아동에 비해 우울 및 충동성, 행동문제 등을 더 많이 경험하고 있어 건강한 성장·발달을 보장하기 위한 사회적 복지정책의 지원이 보다 더 필요하다.

chapter

11 시설보호아동 복지서비스

1. 시설보호서비스의 개요

1) 시설보호서비스의 개념

시설보호서비스는 부모가 여러 가지 사정으로 자녀를 양육, 보호할 능력을 상실하였거나 그 역할을 회피할 때, 혈연적으로 무관한 성인이 아동과 시설에서 함께 생활하며 보호하는 대리보호서비스이다. 아동복지시설서비스는 아동의 주거 제공 및 보호뿐만 아니라 교육과 사회화를 위한 치료프로그램을 제공하며, 과거의 부정적인 경험으로 인한 정서적 · 신체적 문제를 치유하고, 아동의 욕구에 맞는 개별화 서비스를 제공한다(한미현, 2015).

〈표 11-1〉 **시설보호서비스의 개념**

역할론적 개념	부모역할을 대신하는 대리보호의 의미
장소적 개념	가정이 아닌 시설이라는 공간에서 이루어지는 시설보호작업
시간적 개념	시설에 장기간 거주함으로써 사업이 이루어짐
형태적 개념	아동에 대한 보호가 개별적으로 이루어지는 것이 아니라 집단적으로 이루어짐
제도적 개념	아동에 대한 보호의 주체가 일반 개인이 아닌 사회 전체임을 의미

2) 시설보호서비스의 목적

(1) 원가정으로의 복귀

시설보호사업은 시대에 따라 변화해 왔는데 과거에는 사회적 보호가 필요한 아동을 장기적으로 집단수용하는 것이었다면, 현재에는 아동을 일시적으로 보호하면서 아동과 그 가족에 대한 치료서비스를 제공함으로써 아동을 가족으로 복귀시키는 것이다(Kadushin & Martin, 1988).

(2) 아동보호 최우선의 원칙 적용

모든 아동은 가정에서 성장 · 발달하는 것이 가장 바람직하지만, 원가정에서 성장할 수 없는 상황에 처해있는 아동은 시설보호가 필요하다. 원가정에서 성장하는 것이 도저히 불가능할 경우에는 대리적 가정인 입양을 먼저 고려하여야 하며, 입양이 불가능할 경우에 시설에서 보호하도록 배치하여야 한다.

3) 시설보호서비스의 발달과정

시설아동을 위한 복지사업의 발달 과정은 크게 3단계로 볼 수 있다(이소희 · 김영희 · 최남례 · 윤지영, 2004).

(1) 사회방위적 단계

사회복지시설이 억압과 격리의 원칙을 기초로 운영되던 시기로 시설보호 형태는 대규모 수용 방식을 취하여 요보호자를 효과적으로 통제하고 기득권층의 안정을 도모하기 위하여 시설에 수용하여 격리하고자 하였다. 보호가 필요한 사람이 시설에 입소하는 것을 혐오스럽게 느끼도록 열악한 사회적 서비스를 제공함으로써 수치심과 굴욕감을 주어 시설보호를 받는 요보호자의 수를 줄이는 것이었다.

(2) 사회보장적 단계

시설보호를 최저생활의 보장 수준으로 향상시키고 시설생활자가 보다 가정적인 분위기에서 생활할 수 있도록 하기 위해 대규모 집단시설에서 소규모의 집(cottage) 형태의 시설로 전환하려는 노력을 기울이는 시기였다. 그러나 시설에서 생활하는 사람이 자신의 문제 해결에 자발적으로 참여하는 것이 아니고 지역사회 주민과는 이질적인 존재로 구분되었다.

(3) 사회복지적 단계

이 단계에서 사회복지시설은 보호의 연속체 안에서 하나의 선택적 기제로 기능하게 된다. 정상화 이념의 확산으로 인하여 시설보호는 시설생활자의 인격적인 삶의 보장 수준으로 제공되며, 시설의 형태도 소규모의 다양한 구조를 취하게 된다. 시설생활자와 주민은 상호 간에 적극적인 교류를 통해 사회적 관계를 형성・강화한다.

2. 시설보호아동의 발생원인

1) 가족의 해체

시설보호아동의 대부분은 기아, 미혼모, 이혼, 별거, 부모의 사망 등 가족의 구조적 해체와 부모의 경제적 무능력, 질병, 장애, 가족갈등에 따른 학대, 방임, 무관심 등과 같은 가족의 기능적 해체에 의해 발생하는 경우가 많다(강복정, 2000). 과거에는 주로 부모가 사망하였거나, 자녀를 기를 수 없는 미혼모의 자녀가 차지하는 비중이 높았는데, 최근에는 빈곤가정 및 이혼가정의 자녀로 부모가 생존해 있음에도 불구하고 시설보호를 받는 아동수가 늘어나고 있다. 이러한 경향은 1997년 IMF 경제위기로 인해 경제사정이 악화된 부모가 최소한의 가정생활이 가능할 때까지 한시적으로 자녀를 시설양육에 의뢰했던 과거와 달리 이혼 후 자녀의 양육을 서로 맡지 않으려는 부모가 늘어난 것이 원인이기도 했다.

그러나 2000년 이후 가정보호정책 중심으로 아동복지정책이 변화됨에 따라 가정위탁, 입양이 점차 증가하고 시설아동이 감소하는 추세이기는 하지만, 시설아동이 해마다 50% 내외의 높은 비율을 차지하고 있어서 아직도 시설보호가 요보호아동의 보호방법으로 중요한 비중을 차지하고 있음을 알 수 있다.

2) 아동 자신의 문제

가족의 구조와 기능적 해체로 인해 시설에 입소하는 아동도 있지만 아동 자신의 장애, 비행, 범죄로 인해서 시설에 입소하는 경우도 있다.

예를 들어, 장애아동의 경우 가정돌봄보다는 시설에서 돌보는 것이 더 효과적일 경우 장애인복지시설에 입소하게 되고, 불량행위를 하거나 불량행위를 할 우려가 있는 아동의 경우에는 아동보호치료시설에 입소시킬 수 있다.

3. 아동복지시설의 유형과 입소대상

1) 아동복지시설의 유형

아동복지시설은 사회복지에 관한 모든 제도를 기초로 설치되며, 가정에서 양육·보호·교육할 수 없는 아동에게 가정에 준하는 모든 서비스를 제공하는 시설로, 좁은 의미로는 요보호아동을 대상으로 생활, 치료, 재활 등의 서비스를 제공하는 시설을 의미하며, 법적으로는 아동복지법 제52조의 규정에 의하여 설치된 시설을 말한다.

〈표 11-2〉 아동복지시설의 유형(아동복지법 제52조)

종 류	서비스 내용
아동양육시설	보호대상 아동을 입소시켜 보호, 양육 및 취업훈련, 자립지원 서비스 등을 제공하는 것을 목적으로 하는 시설
아동일시호보시설	보호대상아동을 일시보호하고 아동에 대한 향후의 양육대책 수립 및 보호조치를 행하는 것을 목적으로 하는 시설
아동보호치료시설	아동에게 보호 및 치료 서비스를 제공하는 다음 각 목의 시설 • 불량행위를 하거나 불량행위를 할 우려가 있는 아동으로서 보호자가 없거나 친권자나 후견인이 입소를 신청한 아동 또는 가정법원, 지방법원소년부지원에서 보호위탁된 아동을 입소시켜 그들을 선도하여 건전한 사회인으로 육성하는 것을 목적으로 하는 시설 • 정서적 · 행동적 장애로 인하여 어려움을 겪고 있는 아동 또는 학대로 인하여 부모로부터 일시 격리되어 치료받을 필요가 있는 아동을 보호 · 치료하는 시설
공동생활가정	보호대상아동에게 가정과 같은 주거여건과 보호, 양육, 자립지원 서비스를 제공하는 것을 목적으로 하는 시설
자립지원시설	아동복지시설에서 퇴소한 자에게 취업 준비기간 또는 취업 후 일정 기간 동안 보호함으로써 자립을 지원하는 것을 목적으로 하는 시설
아동상담소	아동과 그 가족의 문제에 관한 상담, 치료, 예방 및 연구를 목적으로 하는 시설
아동전용시설	어린이공원, 어린이놀이터, 아동회관, 체육 · 연극 · 영화 · 과학실험전시 시설, 아동휴게숙박시설, 야영장 등 아동에게 건전한 놀이 · 오락, 그 밖의 각종 편의를 제공하여 심신의 건강유지와 복지증진에 필요한 서비스를 제공하는 것을 목적으로 하는 시설
지역아동센터	지역사회 아동의 보호 · 교육, 건전한 놀이와 오락의 제공, 보호자와 지역사회의 연계 등 아동의 건전육성을 위하여 종합적인 아동복지서비스를 제공하는 시설
아동보호전문기관	학대받은 아동의 발견, 보호, 치료에 대한 신속 처리 및 아동학대 예방을 담당하는 기관
가정위탁지원센터	보호대상 아동에 대한 가정위탁사업을 활성화하기 위하여 설치한 기관
아동권리보장원	아동정책에 대한 종합적인 수행과 아동복지 관련 사업의 효과적인 추진을 위하여 필요한 정책의 수립을 지원하고 사업평가 등의 업무를 수행하는 기관

아동복지시설 중 2003년 2월 개정된 아동복지법에서 아동복지시설의 종류에 추가된 공동생활가정은 보호가 필요한 아동에게 가정과 같은 주거여건에서 개별적인 특성에 맞춘 보호양육서비스를 제공하는 것을 목적으로 하는 소규모 시설이다. 이는 대규모집단시설 위주의 보호형태를 지양하고, 소규모 가정형태 보호를 통해 지역사회 중심의 아동보호를 위한 새로운 보호형태이다.

공동생활가정을 통해 아동에 대한 개별 서비스가 가능하며 또래관계 및 대인관계 형성이 이루어질 수 있고, 가정의 형태로 지역사회에 위치하고 있어서 시설아동이라는 낙인을 예방할 수 있다는 장점이 있다. 공동생활가정의 입소 대상 아동의 입주 절차는 시설아동의 입소 절차와 동일하며, 아동 5명을 표준으로 하고 7인 이내로 보호하도록 하고 있다. 공동생활가정은 주택, 아파트, 연립주택 등으로 일반 주택지 내에 위치하도록 하고, 간판이나 표찰을 붙이지 말고 몇 개의 그룹홈이 가능하면 한 곳에 집결되지 않도록 하여 지역사회 내에서 자연스럽게 자리 잡도록 하고 있다.

공동생활가정의 유형은 단기보호, 장기보호, 치료보호가 있으며 다음과 같다.

〈표 11-3〉 공동생활가정의 유형

유 형	대상아동	입주기간
단기보호	경제적 위기 또는 부부의 갈등이나 별거, 수감 및 아동학대 등으로 인해 보호자 또는 친인척이 함께 거주할 수 없는 아동	1년 원칙, 1년 단위로 연장 가능
치료보호	시설보호에 적응하지 못하거나 약간의 정서적 문제 등으로 인하여 시설보호에 적합하지 않은 아동	
장기보호	기존의 소년소녀가정 또는 시설에서 보호 중인 아동 및 장기보호가 필요한 아동	18세 미만까지 가능

출처 : 보건복지부(2010). 아동복지사업안내.

2) 아동복지시설의 추가사업 내용

아동복지시설은 통합하여 설치할 수 있고, 각 시설 고유의 목적 사업을 해치지 아니하고 각 시설별 설치기준 및 운영기준을 충족하는 경우 다음 각 호의 사업을 추가로 실시할 수 있다.

〈표 11-4〉 아동복지시설 추가사업 내용

사업명	서비스 내용
아동가정지원사업	지역사회 아동의 건전한 발달을 위하여 아동, 가정, 지역주민에게 상담, 조언 및 정보를 제공하여 주는 사업
아동주간보호사업	부득이한 사유로 가정에서 낮 동안 보호를 받을 수 없는 아동을 대상으로 개별적인 보호와 교육을 통하여 아동의 건전한 성장을 도모하는 사업
아동전문상담사업	학교 부적응 아동 등을 대상으로 올바른 인격 형성을 위한 상담, 치료 및 학교 폭력 예방을 실시하는 사업
학대아동보호사업	학대아동의 발견, 보호, 치료 및 아동학대의 예방 등을 전문적으로 실시하는 사업
공동생활가정사업	보호대상아동에게 가정과 같은 주거 여건과 보호를 제공하는 것을 목적으로 하는 사업
방과 후 아동지도사업	저소득층 아동을 대상으로 방과 후 개별적인 보호와 교육을 통하여 건전한 인격 형성을 목적으로 하는 사업

3) 입소대상

보호대상 아동의 가정위탁, 입양, 공동생활가정이 불가할 시 아동복지시설의 종류에 따른 입소 대상자는 다음과 같다(보건복지부, 2022).

〈표 11-5〉 아동복지시설 유형에 따른 입소대상자

시설명	입소대상자
아동양육시설 및 아동일시보호시설	• 보호자가 없거나 보호자로부터 이탈된 아동 • 보호자로부터 학대받은 아동 • 보호자의 학대로 아동보호전문기관에 신고되어 해당 기관이 시·도지사 또는 시·군·구청장에게 보호 조치를 의뢰한 아동(특히 아동에게 문제행동이 있어서 상담 및 치료가 필요한 경우, 아동보호전문기관에서 아동의 시설 입소를 의뢰하면서 시·도 또는 시·군·구에서는 반드시 입소될 수 있도록 해야 함) • 보호자의 질병, 가출 등으로 가정 내에서 보호하기 어려운 아동 • 시·도지사 또는 시·군·구청장이 특별히 보호가 필요하다고 인정하는 아동
아동보호치료시설	• 불량행위를 하거나 불량행위를 할 우려가 있는 아동으로서 보호자가 없거나 친권자나 후견인이 입소를 신청한 아동 • 가정법원, 지방법원소년부지원에서 보호 위탁된 19세 미만인 사람을 입소 • 정서적·행동적 장애로 인하여 어려움을 겪고 있는 아동 또는 학대로 인하여 부모로부터 일시 격리되어 치료받을 필요가 있는 아동
자립지원시설	보호종료 아동 중 취업(우선), 취업 준비 중, 24세 이하 기초생활보장수급자

4. 아동복지시설 종사자

아동복지시설 종사자라고 하면 아동복지사업에 종사하는 모든 사람을 일컫지만, 법률적으로 해석하면 아동복지법 시행령에 규정된 시설장, 총무, 보육사, 생활복지사 또는 상담지도원, 직업훈련교사, 임상심리 상담원, 자립지원전담요원 등을 말한다.

1) 아동복지시설 종사자의 역할

아동복지시설 종사자란 아동복지의 실천 주체로 아동복지시설에서 아동의 상담, 지도, 치료, 양육, 기타 아동의 복지에 관한 업무를 담당하는 자를 말하지만, 가정의 부모와 같은 역할을 한다. 아동복지시설 종사자는 전문적이고 효과적인 서비스를 제공하기 위해서 다양한 기술을 요구받는다. 아동의 연령과 특성, 발달단계에 맞는 언어 및 행동에 대한 이해와 효과적인 면접 및 의사소통기술, 가정기술, 다양한 문제유형에 적합한 개입기술과 프로그램 개발과 평가, 자원발굴기술 등을 가지고 있어야 한다. 또한 아동이 친구들과의 관계 안에서 사회성을 기르고, 타인의 권리에 대한 바른 인식을 가질 수 있는 경험과 자기 계발에 대한 동기를 줄 수 있도록 해야 한다. 아동을 대할 때는 일관성 있는 태도로 아동이 정서적 안정감을 갖도록 하며, 어른으로서 또는 부모로서의 역할모델이 되기도 한다.

아동복지시설에는 시설장, 총무, 보육사, 생활복지사, 간호사, 영양사 등의 인력이 배치되어 각각의 역할을 수행한다. 아동복지시설 종사자의 역할은 크게 양육자로서의 역할, 교사로서의 역할, 상담자로서의 역할이 있다.

첫째, 양육자로서의 역할로 시설아동에게 부모와 같이 아동의 모든 면을 돌봐주어야 한다.

둘째, 아동이 각자 가지고 있는 잠재성을 일깨우고 최대한 발달할 수 있도록 도움을 주는 교사로서의 역할이 있다.

셋째, 아동복지시설에는 다양한 연령과 특성을 가진 아동이 있고, 그에 따른 발달문제와 고민을 가지고 있기 때문에 전문 상담자로서의 역할이 있다.

또한 아동복지시설 종사자는 아동을 보호함에 있어 인간성 회복의 원리, 아동의 친자관계 조정, 생활교육, 치료교육, 적극적 사회참가를 유도하도록 제반 환경을 조성하여 시설과 지역사회가 교류하도록 하여야 한다.

2) 아동복지시설 종사자의 자격

아동복지시설 종사자의 자격은 서비스의 전문성을 갖추기 위해 최소한의 요건이 필요하며, 담당업무의 성격과 직종별 자격 기준은 아동복지법 시행령 제52조에 명시되어 있다.

〈표 11-6〉 아동복지시설 종사자의 자격(아동복지법 시행령 제52조 관련, 2022. 2. 17. 개정)

직종별	자격기준
아동복지 시설의 장	1. 「사회복지사업법」에 따른 사회복지사 2급 이상의 자격 취득 후 아동과 관련된 사회복지사업에 3년 이상 또는 사회복지사업에 5년 이상 종사한 경력이 있는 사람 2. 학대아동보호사업과 관련된 기관에서 3년 이상 근무한 경력이 있는 사람 3. 7급 이상 공무원으로서 국가나 지방자치단체에서 사회복지사업에 관한 행정업무에 5년 이상 종사한 경력이 있는 사람 4. 「의료법」에 따른 의사·한의사 또는 치과의사 면허 취득 후 3년 이상 진료 경력이 있는 사람 5. 「정신건강증진 및 정신질환자 복지서비스 지원에 관한 법률」에 따른 정신건강전문요원 자격 취득 후 사회복지사업에 5년 이상 종사한 경력이 있는 사람 6. 「영유아보육법」에 따른 보육교사 1급 자격 취득 후 사회복지사업에 5년 이상 종사한 경력이 있는 사람 7. 유치원, 초등학교 또는 중등학교 교사 자격증 취득 후 사회복지사업에 5년 이상 종사한 경력이 있는 사람 8. 직업훈련교사, 간호사, 영양사 자격 취득 후 사회복지사업에 5년 이상 종사한 경력이 있는 사람
사무 국장	1. 「사회복지사업법」에 따른 사회복지사 2급 이상의 자격 취득 후 아동과 관련된 사회복지사업에 1년 이상 또는 사회복지사업에 3년 이상 종사한 경력이 있는 사람 2. 학대아동보호사업과 관련된 기관에서 1년 이상 근무한 경력이 있는 사람 3. 9급 이상 공무원으로서 국가나 지방자치단체에서 사회복지사업에 관한 행정업무에 3년 이상 종사한 경력이 있는 사람 4. 「정신건강증진 및 정신질환자 복지 서비스 지원에 관한 법률」에 따른 정신건강전문요원 자격 취득 후 사회복지 사업에 3년 이상 종사한 경력이 있는 사람 5. 「영유아보육법」에 따른 보육교사 1급 자격 취득 후 사회복지사업에 3년 이상 종사한 경력이 있는 사람 6. 유치원, 초등학교 또는 중등학교 교사 자격증 취득 후 사회복지사업에 3년 이상 종사한 경력이 있는 사람 7. 직업훈련교사, 간호사, 영양사 자격 취득 후 사회복지사업에 3년 이상 종사한 경력이 있는 사람
보육사	1. 「사회복지사업법」에 따른 사회복지사 3급 이상 자격이 있는 사람 2. 「영유아보육법」에 따른 보육교사 자격이 있는 사람 3. 유치원, 초등학교 또는 중등학교교사 자격이 있는 사람

생활복지사 또는 상담지도원	1. 「사회복지사업법」에 따른 사회복지사 2급 이상 자격이 있는 사람 2. 유치원, 초등학교 또는 중등학교 교사 자격이 있는 사람 3. 「영유아보육법」에 따른 보육교사 1급 자격이 있는 사람
직업훈련 교사	1. 「국민 평생 직업능력 개발법」에 따른 직업능력개발훈련교사 자격이 있는 사람 2. 「학원의 설립 · 운영 및 과외교습에 관한 법률」에 따른 학원강사 자격이 있는 사람
임상심리 상담원	1. 「고등교육법」 제2조에 따른 학교, 「평생교육법」 제32조 또는 제33조에 따라 교육부장관의 인가를 받아 전문대학 또는 대학졸업자와 동등한 학력 · 학위가 인정되는 평생교육시설(이하 이 표에서 "대학등"이라 한다)의 심리 관련 학과를 졸업한 사람 2. 「국가기술자격법 시행령」 제12조의2 제1항 및 별표 1에 따른 임상심리사 2급 이상의 자격이 있는 사람
자립지원 전담요원	1. 「국민 평생 직업능력 개발법」에 따른 직업능력개발훈련교사 자격이 있는 사람 2. 「사회복지사업법」에 따른 사회복지사 2급 이상의 자격이 있는 사람 3. 초등학교 또는 중등학교 교사 자격이 있는 사람 4. 대학등 졸입자(빕령에 따라 이와 깉은 수준의 학력이 있다고 인정되는 사람을 포함힌다)로서 아동복지 또는 사회복지 관련 학과를 졸업하고 1년 이상 아동복지 업무에 종사한 경력이 있는 사람

5. 시설보호아동 복지서비스의 향후 과제

첫째, 아동 · 가족 중심 서비스를 제공할 수 있어야 한다. 입양을 제외한 가정외보호는 원가정 복귀를 위한 '일시적인 보호'임에도 대부분의 아동들이 보호 종료 연령에 도달할 때까지 장기간 시설보호를 받고 있어 본래 목적에 부합하는 방향의 기능 정립이 필요하다. 현재 아동복지시설에서는 아동의 보호에 초점을 맞추고 있지만, 원가정이 기능을 회복하도록 '아동과 가족'을 모두 포함하는 아동 · 가족 지원 서비스 제공을 강화해야 한다. 더불어 가정의 특성과 환경에 대한 세심한 사정(assessment)과 사례관리를 통해 파악한 아동 · 가족의 '욕구'에 기반하여 맞춤형 통합 서비스를 제공하고 원가정 복귀를 지원해야 한다.

둘째, 시설보호서비스의 전문성 강화가 필요하다. 연령, 특별한 치료나 보호의 필요 여부, 보호 기간 등 다양한 아동의 특성을 반영한 아동보호가 가능하도록 시설의 기능을 '세분화 · 전문화'해야 하고 아동 · 가족의 욕구에 부합하는 서비스 제공을 위해 전문성 기반의 '체계화된 사례관리'를 실시해야 한다. 이렇게 전문적인 서비스 제공을 위해서는 종사자 '자격 기준'이 강화되어야 하고, 종사자 역량 강화를 위해서는 종사자 '교육 · 훈련'이 체계적으로 제공될 필요가 있다.

셋째, 아동복지시설의 기능은 단기 및 중장기적으로 단계적 전환이 이루어질 필요가 있다. 단기적으로는 아동보호 체계의 공적 책임 강화에 따라 민간기관으로서 아동보호 · 양육 서비스 집중, 일시보호 기능 강화, 전문치료형 시설 확대가 필요하고, 장기적으로는 아동복지시설이 지역사회 내 보호대상 아동뿐만 아니라 지역사회 구성원이 이용할 수 있는 돌봄 등의 종합 서비스 제공에도 기여할 수 있도록 개편될 필요가 있다.

chapter

12 가정위탁보호서비스

1. 가정위탁보호서비스의 개요

UN아동권리협약 내용에 따르면 '선 가정보호, 후 시설보호'를 이야기하고 있는데, 이는 보호를 필요로 하는 아동이 발생할 시 아동을 친가정과 유사한 환경에서 보호하며, 친부모의 양육 능력이 회복되면 친가정으로 복귀하는 것을 목표로 하는 것이다. 이에 우리나라에서는 아동복지법에 의거한 가정위탁사업의 법적 근거를 마련하여 1985년에 처음 가정위탁보호시범사업을 실시한 이후 2000년에 강원도에 시범센터를 운영하였으며, 그 후 2003년 전국적으로 17개의 가정위탁지원센터를 개소하였다. 1년 뒤 중앙가정위탁지원센터를 설치하였으며, 아동복지법이 개정된 2005년부터는 가정위탁에 대한 법적 근거를 마련하면서 적극적으로 가정위탁사업을 전개하게 되었다. 이후에는 소년소녀가정을 가정위탁보호로 전환의 필요성이 제기되었는데 이는 소년소녀가정보호제도는 아동에게 위험을 초래할 수 있어 UN 등에서도 폐지를 권고하였으며, 소년소녀가정이 가정위탁아동으로 전환될 경우에도 소년소녀가정에 지원되었던 결연, 학자금지원, 대학특례입학 등 각종 지원이 중단되지 않도록 하였다.

1) 가정위탁보호의 개념

위탁보호(foster care)는 아동이 다른 사람의 가족과 함께 사는 상황을 말한다. 즉, 위탁보호는 자신의 친부모나 법적 후견인과 함께 살 수 없는 아동을 신체적으로 보살펴 주고 가족적인 환경을 제공하는 것을 말한다(Berridge, 2001; Barker, 2003).

위탁보호를 의미하는 말이기도 한 '가정위탁'에 대해 우리나라의 아동복지법 제3조에서는 부모의 질병・가출・이혼・수감・실직・사망・학대 등의 사유로 친가정에서 아동을 키울 수 없을 경우, 위탁가정에서 일정 기간 아동을 양육했다가 다시 친가정으로 복귀할 수 있도록 지원하는 제도로 보호대상아동의 보호를 위하여 성범죄, 가정폭력, 아동학대, 정신질환 등의 전력이 없으며 법이 정하는 기준에 적합한 가정에 보호대상아동을 일정 기간 위탁하는 것을 가정위탁이라고 정의하고 있다.

2) 가정위탁보호의 필요성

① 요보호아동의 이익을 최우선으로 고려한 보호방식이다.
② 가정해체 방지 및 친가정의 양육능력을 회복하도록 지원한다.
③ 보호가 필요한 아동의 발생 원인에 따른 개별적이고 전문적인 개입을 도모한다.
④ 소년소녀가정세대 아동들을 실질적으로 보호하기 위한 방안을 마련한다.
⑤ 시설보호와 소년소녀가정보호의 한계를 보완한다.
⑥ 아동을 양육하고 있는 조부모 및 친인척의 양육능력을 강화한다.
⑦ 위탁아동의 자립지원을 통해 건강한 사회 구성원으로 양성한다.

3) 우리나라 가정위탁보호 연혁

- 1990년 : 가정위탁 사업 시범 실시
- 2000년 : 가정위탁 양육보조금 지원
- 2000~2002년 : 가정위탁지원센터 시범 운영(강원도)
- 2003년 : 가정위탁지원센터 전국 확대(총 17개소, 서울특별시가정위탁지원센터 설치)
- 2004년 7월 : 중앙가정위탁지원센터 설치
- 2005년 7월 : 「아동복지법」 개정(가정위탁보호의 법적 근거 규정)
- 2006년 1월 : 가정위탁 아동 상해보험료 지원
- 2010년 1월 : 입양 및 가정위탁 아동 심리치료비 지원
- 2012년 8월 : 「아동복지법」 개정(시・군・구 가정위탁지원센터 설치 근거 규정, 가정위탁보호 아동 자립지원 근거 규정)
- 2016년 3월 : 「아동복지법」 개정(가정위탁지원센터를 아동복지시설에 포함)
- 2020년 1월 : 중앙가정위탁지원센터 아동권리보장원(2019. 7. 출범)으로 업무 이관
- 2020년 2월 : 양육보조금 지원기준 연령별 차등화 및 금액 인상(월 20만 원 이상 → 연령별 월 30~50만 원 이상), 아동용품구입비 지원기준(신규 책정 시 1회 100만 원) 신설, 전문아동보호비 지원기준 확대(월 40만 원 이상 → 월 100만 원 이상)
- 2020년 12월 : 「아동복지법」 개정(시행령에서 가정위탁보호 유형 규정, 2021. 6. 30. 시행)

4) 가정위탁보호의 유형

일정 기간 동안 친부모의 역할을 대신해 위탁아동을 보호, 양육하는 가정의 유형은 다음과 같다.

〈표 12-1〉 가정위탁보호의 유형

유 형	내 용
일시가정위탁	보호대상 아동을 일시적으로 보호하고 양육하는 형태(기본 3개월, 최대 6개월)
전문가정위탁	학대피해, 2세 이하, 장애, 경계선 지능 아동을 전문적인 자격을 갖춘 가정에서 보호하고 양육하는 형태 ※ 전문위탁가정 내 위탁아동 1명 배치 원칙. 단, 형제·자매가 함께 전문위탁가정에 배치되어야 할 경우, 위탁부모의 역량, 헌신, 위탁가정의 제반 환경을 고려하여 판단[현재 다른 위탁아동을 양육하고 있는 경우, 위탁아동 및 친자녀(18세 이상 자녀 제외)를 포함하여 위탁가정 내 아동이 3명을 초과하지 않도록 함]
일반가정위탁	조부모를 포함한 친인척과 그 외 혈연관계가 없는 자들이 보호대상 아동을 일반가정에서 보호하고 양육하는 형태

2. 가정위탁보호서비스의 구성요소

1) 위탁아동

만 18세 미만의 아동(만 18세 이상인 경우에도 고등학교 재학 중인 아동은 포함)으로서 보호자가 없거나 보호자로부터 이탈된 아동, 아동을 학대하는 경우 등 그 보호자가 아동을 양육하기에 적당하지 아니하거나 능력이 없는 경우의 아동을 의미한다. 보호대상 아동 발생 시 만 2세 미만 아동(36개월 미만)은 가정위탁으로 우선 배치한다.

- 부모의 질병, 가출, 실직, 수감, 사망 등으로 보호가 필요한 아동
- 아동학대 및 방임 등 분리보호가 필요한 아동
- 독립적인 가구를 구성하면서 생활하고 있는 미성년의 소년소녀가정세대

2) 위탁가정

일정 기간 동안 원가정의 친부모를 대신해서 위탁아동을 보호하고 양육하며, 이후 원가정으로 복귀할 수 있도록 한다.

〈표 12-2〉 아동복지법 시행규칙 제2조에 따른 위탁가정 선정 기준

구 분	위탁가정의 기준
1. 전문가정위탁	다음의 기준을 모두 충족할 것 가. 위탁된 보호대상아동(이하 "위탁아동"이라 한다)을 양육하기에 적합한 수준의 소득이 있을 것 나. 위탁아동에 대하여 종교의 자유를 인정하고 건전한 사회 구성원으로 자랄 수 있도록 양육과 교육을 할 수 있을 것 다. 가정위탁보호자의 연령이 각각 25세 이상으로 위탁아동과의 나이 차이가 60세 미만일 것. 다만, 시·도지사, 시장·군수·구청장이 위탁아동을 건전하게 양육하기에 위탁가정의 환경이 적합하다고 인정하는 경우에는 제외한다. 라. 자녀가 없거나 18세 미만의 자녀가 위탁아동을 포함하여 4명 이내일 것 마. 가정위탁보호자 및 위탁가정에 거주하는 사람은 성범죄, 가정폭력, 아동학대 또는 정신질환 등의 전력이 없을 것 바. 다음의 어느 하나에 해당하는 요건을 갖출 것 1) 가정위탁보호자(「민법」 제777조 제1호 및 제2호에 따른 친족에 해당하는 사람은 제외한다)의 경험이 3년 이상일 것 2) 다음의 어느 하나에 해당하는 자격을 갖출 것 가) 「사회복지사업법 시행령」 제2조 제1항에 따른 사회복지사 나) 「영유아보육법」 제21조 제2항에 따른 보육교사 다) 「유아교육법」 제22조 제2항에 따른 교사 라) 「초·중등교육법」 제21조 제2항에 따른 교사 마) 「의료법」 제2조 제1항에 따른 의료인 바) 「청소년 기본법」 제22조 제1항에 따른 청소년상담사 사) 「고등교육법」 제2조에 따른 학교 또는 「평생교육법」 제32조 제1항·제33조제3항에 따라 교육부장관의 인가를 받아 전문대학·대학 졸업자와 동등한 학력·학위가 인정되는 평생교육시설에서 심리 관련 학과를 졸업한 사람으로서 해당 분야의 경력이 3년 이상인 사람 3) 그 밖에 보건복지부장관이 1) 또는 2)와 유사하다고 인정하는 경력이나 자격을 갖출 것 사. 가정위탁보호자 중 1명 이상이 전문가정위탁 교육을 이수했을 것 아. 그 밖에 보건복지부장관이 필요하다고 인정하는 기준

2. 일반가정위탁 · 일시가정위탁	다음 각 목의 기준을 모두 충족할 것 가. 제1호 가목부터 미목까지의 규정에 따른 기준을 모두 충족할 것 나. 가정위탁보호자 중 1명 이상이 일반가정위탁 교육을 이수했을 것 다. 그 밖에 보건복지부장관이 필요하다고 인정하는 기준

조건에 모두 부합하고, 가정위탁을 희망하는 사람은 반드시 예비위탁부모교육을 받아야 하는데 가정위탁사업을 신청, 접수한 위탁부모를 대상으로 예비위탁부모 양성교육, 보수교육을 지속적이고 정기적으로 실시하여 가정위탁보호사업 전반에 대한 이해를 도모할 수 있도록 하고, 아동을 적절히 보호하고 양육할 수 있는 정보, 기술, 지식을 획득할 수 있도록 한다.

〈표 12-3〉 **위탁가정 부모교육**

부모교육 유형				
유 형	대 상	교육시간	시 기	내 용
위탁부모 양성교육	가정위탁을 희망하는 예비위탁부모 대상(위탁부모 중 1명 이상)	5시간	아동 배치 이전	• 가정위탁 사업의 이해 • 위탁보호자의 역할과 의무 • 위탁아동의 특성과 위탁 양육의 실제 • 문제행동의 원인과 대처방법 • 효과적인 부모역할 실시 • 집단 프로그램(위탁 사례발표, 질의응답)
위탁부모 보수교육	양성교육을 이수한 위탁부모 대상(위탁부모 중 1명 이상)	5시간	연 1회	• 위탁보호자의 역할과 의무 • 아동문제 행동의 대처방법 및 양육기술훈련 • 효과적인 부모자녀 관계 및 대화기술(친자녀 및 위탁아동) • 친가정에 대한 이해 • 양육사례 연구
전문위탁 부모양성 교육	전문가정위탁을 희망하는 위탁부모 대상(위탁부모 중 1명 이상)	20시간	아동 배치 이전	• 전문위탁부모 자격조건(1개 이상) - 사회복지사, 보육교사, 유치원 및 초중등 교사, 의료인, 청소년 상담사, 전문대학 또는 대학졸업자와 동등한 학력 · 학위가 인정되는 평생교육시설의 심리 관련 학과를 졸업한 자, 그 밖에 보건복지부장관이 필요하다고 인정하는 기준

3) 친부모 혹은 원가정

(1) 친부모

위탁아동의 친부모는 여러 가지 이유로 아동의 정상적이고 바람직한 양육이 불가능할 때 자신의 자녀를 위탁보호할 것을 요청한다.

(2) 원가정

가족기능이 정상화되고 위탁 기간이 끝난 이후에는 다시 원가정에서 자녀를 보호하고 양육해야 한다.

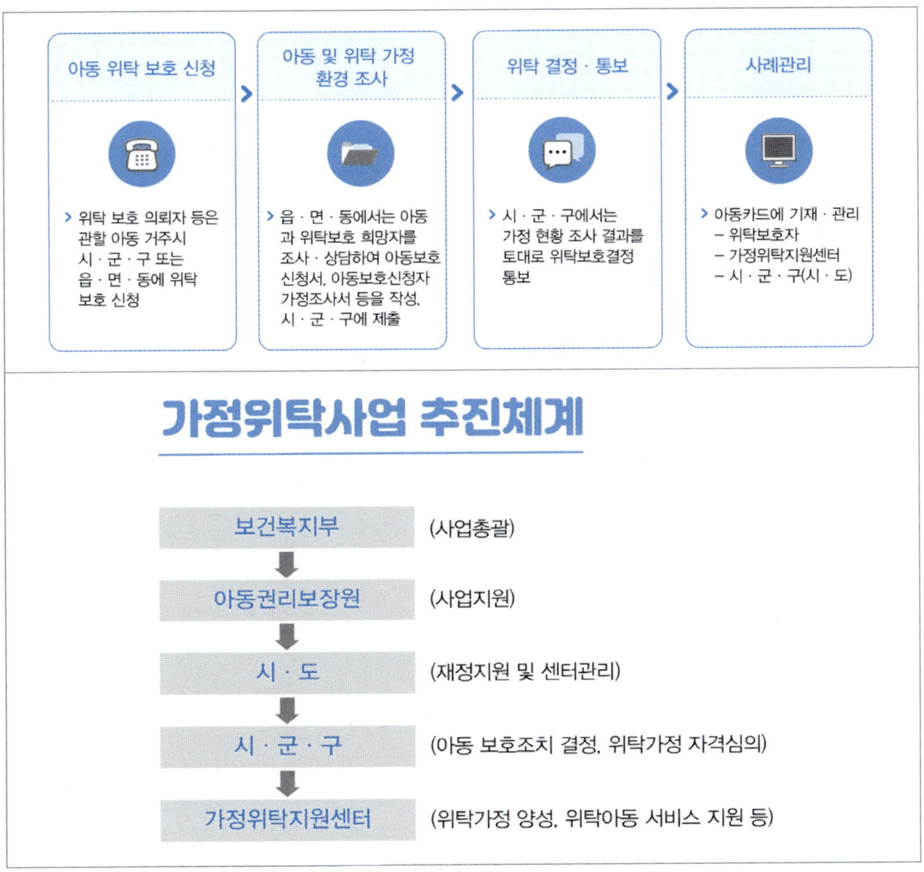

| 그림 12-1 | 가정위탁보호 신청절차 및 추진체계

출처 : 아동권리보장원(2022).

3. 가정위탁보호서비스의 내용

가정위탁보호서비스를 제공하고 있는 위탁가정에 제공하는 혜택은 다음과 같다.

〈표 12-4〉 위탁가정 지원혜택

지원사업	내 용
상해보험료 지원	위탁가정에서 발생한 아동의 질병 및 안전사고 발생 시 위탁부모가 무제한의 책임을 질 수 없으므로 아동의 상해에 대한 보험을 가입하여 아동의 보호를 증진하고 위탁가정의 심리적·경제적 부담을 완화하여 가정위탁사업의 활성화를 도모
양육보조금	가정위탁아동 1인당 양육보조금을 차등지원
국민기초생활보장법에 의한 생계비 지원	가정위탁아동을 국민기초생활수급자로 책정해서 생계·의료·교육급여 지원
심리치료비 지원	위탁아동의 심리정서치료비, 검사비, 교통비 지원
가정위탁아동에 대한 자립정착금 지원(지방이양)	18세 이상의 가정위탁보호 종결아동에게 자립정착금 지급
가정위탁아동에 대한 대학진학자금 등 지원(지방이양)	대학등록금 지원
위탁가정 전세주택지원	양육자가 무주택 세대구성원으로서 해당 가구의 월평균소득이 전년도 도시근로자 가구당 월평균소득 이하인 소년소녀가정·위탁가정, 가정위탁 보호조치가 종료된 지 5년 이내(군복무기간 제외)인 무주택자 아동에게 지원

4. 가정위탁보호서비스의 향후 과제

위탁보호서비스의 과제는 관련법 개정뿐 아니라 현실적인 양육비 제공과 장기 위탁 및 자립아동을 위한 제도적 장치에 대한 과제가 놓여있다.

(1) 관련법의 개정

가정위탁 관련법이 기존 법 내용보다 구체적이고 세부서비스 개념을 제시하는 형태로 개정되어야 한다. 다양한 유형의 위탁가정에 대한 규정 및 이런 전문화된 위탁부모의 자격기준, 재정지원 등에 대한 법적 명시는 거의 현실적이지 않다. 가정위탁서비스가 발전하려면 아동위탁 관련법을 분리하고 세부적인 서비스 내용을 담고 현실적인 욕구를 충족시키는 방향으로 전환해야 한다.

(2) 양육비의 현실화

가정위탁부모들에 대한 양육비 지급이 보다 현실화되고 차등화되어야 한다. 대리양육가정은 양육비를 더 보조하기보다는 아동을 위해 필요한 교육비나 특별활동, 문화체험 등의 다양한 기회를 받을 수 있도록 정부에서 제공하는 바우처제도나 지역사회의 서비스나 후원금 연계를 해주는 것이 중요하다. 위탁아동에 대한 생계비, 의료비, 교육비, 전세자금, 상해보험 등에 대한 지원과 상담서비스는 개별적으로 결연하여 제공하고 후원되어야 한다.

(3) 장기 위탁아동을 위한 입양대책 및 후견인제도

친가정 복귀가 어려운 아동은 법정후견인을 선정하거나 입양될 수 있도록 조치를 취해주어야 한다. 일반가정위탁 중 조부모나 친인척가정에 위탁된 아동들의 대부분이 성년이 될 때까지 위탁가정에서 성장하며, 일반가정에 위탁된 아동의 경우도 가정 복귀율이 매우 낮다. 그러므로 일반가정에 위탁된 아동의 경우도 위탁부모가 법정 후견인이 될 수 있도록 조치를 취하고, 부모가 그 책임을 다하지 않는 경우는 부모의 친권상실을 통해 아동의 입양이 가능하도록 해야 한다.

(4) 친부모 지원 정책 및 친권 박탈 규정 제정

현재 가정위탁의 약 90%는 조부모, 친인척 가정위탁으로서 친부모와 연락이 두절된 경우가 많다. 이러한 상황에서 부모가 책임을 다하지 않고 아동의 친가정 복귀가 장기간 이루어지지 않을 때는 친권을 정리하는 방안도 마련되어야 할 것이다(김민지, 2010).

(5) 지역사회기관과의 연계 · 협력 및 사례관리

위탁가정, 위탁아동 및 친가정 지원을 위해 가정위탁지원센터는 지역사회기관과의 연계 · 협력을 강화해야 한다. 지역사회에서 후원자 연계, 바우처제도 활용, 방과 후 학교활동, 지역아동센터나 어린이집 이용 등은 위탁아동들이 이용할 수 있는 좋은 서비스이다. 지역의 이런 자원들을 아동들이 이용할 수 있는 자원으로 연계하려면 지역위탁담당자의 협력 및 사례연구 관리 등의 노력이 필요하다(김성경 · 김혜영 · 최현미, 2013).

(6) 친가정 복귀를 위한 서비스 개발과 부모 책임 강화

친가정 복귀를 위해서는 이들의 친부모에게 양육태도를 개선하고 학대를 중단시킬 수 있는 개입 방안이 마련되어야 한다. 또한 아동이 위탁가정에서 생활하는 동안 친가정 복귀를 위해서는 경제적 · 정서적 측면에서 친부모의 양육 능력을 향상시켜야 한다. 따라서 아동의 양육방식, 자립지원 문제 등 다양한 친부모 관련 프로그램의 개발 및 아동의 상황과 위탁사유에 맞는 서비스 제공이 필요하다(허남순, 2004).

부모교육, 자조모임, 전문위탁부모와 친부모의 일대일 관계 형성 등 다양한 프로그램을 개발하고, 친부모가 위탁된 아동을 다시 찾기 위해서는 사전 부모교육을 강제로 이수하도록 규정하는 등의 약화된 부모책임을 강화할 수 있는 방안이 마련될 필요가 있다(김민정, 2007).

chapter

13 입양아동 복지서비스

1. 입양아동 복지서비스의 개요

1) 입양의 개념

입양(adoption)은 생물학적 부모가 양육하기 곤란한 아동에게 새로운 가정과 부모를 얻게 해주는 과정으로 입양은 생물학적 과정을 통해서가 아니라 법적·사회적 관계에 의한 혈연적으로 친자관계가 없는 사람 사이에 법률적으로 친자관계를 맺는 신분행위를 말한다. 다시 말하면, 입양이란 친부모로부터 아동의 현재와 미래에 대한 모든 권리와 의무가 소멸되고 행정적·법적 권한에 의해 타인에게 양육의 권리와 의무가 이양되는 것을 말한다(이소희, 2005).

입양과 관련하여 대부분의 선진국에서는 당국에 의한 입양허가제를 시행하고 있고, 아동 본인의 동의도 보장하고 있다. 영국, 프랑스, 스웨덴에서는 입양은 당국 재판부만이 결정할 수 있고 반드시 친부모의 동의가 있어야 하나, 만약 부모가 누구인지 모르거나 부모가 입양을 동의하지 않는 경우 입양기관이 허가 명령을 청구하여 입양 허가가 결정되며 부모 동의는 필요하지 않다(김영지, 2004). 그러나 우리나라는 입양 후 단순히 신고하게 되어 있고 15세 미만의 아동은 아동의 동의가 없어도 입양할 수 있으며, 외국과 달리 혈연을 강조하기 때문에 대부분 친자로 신고되어 있으며, 양부모와 친부모 모두 비밀을 유지하기를 원해 비밀입양을 하는 경우가 많다. 이러한 문제를 보완하기 위해서는 먼저 아동에게 가능한 한 자신의 신분 및 부모에 대해 알 권리를 인정하여 아동 관련 기록을 보존하도록 하여야 한다. 또한 선진국의 경우처럼 당국의 허가를 받아 엄격하게 입양하도록 하고, 스웨덴처럼 연령에 따라 아동의 동의를 보장하는 법적 보완이 필요하며, 파양을 불허하여 가족 문제를 해결해 가는 방향으로 유도하여야 한다.

2) 입양의 목적

입양의 목적은 사회적·시대적 배경에 따라 변화하였다. 우리나라는 과거에 가계 계승을 위한 입양이 주로 이루어졌지만, 현대 사회에서는 아동의 복지 증진을 위한 입양이 주로 이루어진다.

카두신(A. Kadushin)은 입양의 목적을 다음과 같이 제시했다.

- 아동에게 영구적인 가정과 가족관계를 갖게 한다.
- 불임 부부에게 부모가 될 수 있는 기회를 제공한다.
- 가문승계 및 유산상속의 수단이다.
- 자녀를 원하지 않거나 보호할 능력이 없는 부모를 위한 대체 수단이다.
- 자녀가 있는 사람이 아동을 더 양육하려는 욕구와 능력이 있을 때 이를 만족시키는 제도가 된다.

3) 입양의 유형

(1) 법에 따른 유형

법령에 따른 입양의 유형을 살펴보면 다음 <표 13-1>과 같다.

〈표 13-1〉 법에 따른 입양 유형

구 분	입양특례법상 입양	친양자입양	양자입양
근 거	「입양특례법」	「민법」 제908조의2부터 제908조의8까지	「민법」 제866조부터 제908조까지
성립 요건	가정법원의 허가	재판으로 성립	협의로 성립

양자의 성(姓) · 본(本)	양친의 성(姓)과 본(本)으로 변경	양친의 성(姓)과 본(本)으로 변경	친생부모의 성(姓)과 본(本)을 유지
친생부모와의 관계	종료	종료	유지
입양의 효력	재판이 확정된 때부터 혼인 중의 자로서의 신분을 취득하며, 친생부모와의 관계는 종료됨	재판이 확정된 때부터 혼인 중의 자로서의 신분을 취득하며, 친생부모와의 관계는 종료됨	입양한 때부터 혼인 중의 자로서의 신분을 취득하나, 친생부모와의 관계는 친권 이외는 유지됨

(2) 입양 공개 여부에 따른 유형

- 비밀입양 : 비밀입양은 생물학적 부모가 누구인지 입양부모, 입양아동에게 공개하지 않는 형태이다. 입양 사실을 입양아동은 물론 주변의 모든 사람들에게 비밀로 하여, 마치 입양아동을 출산한 것처럼 가정하며 비밀을 유지하는 입양이다. 우리나라의 경우 한국의 문화적 요소에 따라 대부분 국내입양의 부모는 비밀입양을 선호한다.
- 공개입양 : 공개입양은 입양 사실을 입양아동은 물론이고 주변의 사람들에게 공개하지만 친생부모와는 접촉하지 않는 입양이다. 최근에는 공개입양이 증가하는 추세이다.

(3) 혈연 유무에 따른 유형

- 친족입양 : 친족입양은 확대가족 등 혈연관계 또는 아버지나 어머니의 재혼으로 인해 성립된 입양이다.
- 비친족입양 : 비친족입양은 가족관계를 갖고 있지 않은 입양 부모에 의해 성립된 입양이다.

(4) 기관개입 여부에 따른 유형

- 독립입양 : 입양기관을 통하지 않고 친부모가 직접 입양가정을 선정하여 아동을 그 가정에 맡기고 부모로서의 친권을 포기하는 것이다.

• 기관입양 : 아동복지기관에서 전문가가 친부모로 하여금 친권을 포기하게 하고, 기관이 모든 법적 대리인이 되어 입양 절차를 밟는 경우로 양쪽 부모 및 가정에 대한 조사를 통해 가정과 연결되므로 입양 후 문제점이 적다.

(5) 입양국가에 따른 유형

• 국내입양 : 아동이 태어난 자신의 국가에서 입양되는 것이다.
• 국외입양 : 아동이 태어난 곳이 아닌 다른 국가로 입양되는 것이다.

이에 우리나라는 기관입양을 권장하고 있고, 입양의 문제점을 최소화하고자 2013년 5월 24일 헤이그국제아동입양협약에 서명하는 등의 노력을 기울이고 있다. 헤이그국제아동입양협약은 국내 입양정책에서 원가정(原家庭) 보호 원칙과 입양아동의 안전과 권익보호 원칙을 더욱 강조하는 근거가 되고 있다. 협약의 대략적인 내용은 다음과 같다.

〈표 13-2〉 헤이그국제아동입양협약 개요

비 고	내 용
배 경	• 우리나라는 주요 입양국 중 유일하게 협약에 가입하지 않아 UN 등 국제사회와 국회가 협약가입을 촉구해 왔음 • 2011년 입양특례법의 대대적인 개정으로 입양의 '가정법원 허가제'와 '입양숙려제'가 도입되고, 양부모 자격강화와 파양요건 엄격화 등 입양제도가 근본적으로 변화됨 • 협약 가입을 위한 법적·제도적 기반 조성 후 새 정부의 국정과제로서 협약 서명을 추진
협약연혁	1993. 5. 29. 채택, 1995. 5. 1. 발효, 협약당사국 105개국(2023년 기준)
협약의 주요 내용	• (원칙) 원가정 보호가 원칙이며 원가정 보호가 불가능할 경우 국내에서 보호할 수 있는 가정을 찾고 그래도 없으면 국제입양 • (입양의 효력) 입양국의 입양 결정을 다른 체약국에서도 인정 • (입양결정) 출신국 중앙당국은 아동의 신원 및 입양 적합성에 대한 보고서 작성, 입양동의 확보 및 입양 여부를 결정하여 통보

4) 입양특례법

우리나라 입양은 1950년대의 6·25전쟁으로 등장한 전쟁고아를 대상으로 실시되었다. 전쟁으로 인해 많은 고아, 혼혈아가 생겨났고, 미국의 홀트 부부가 고아가 된 우리나라 혼혈아동 8명을 입양하게 되어 해외 입양이 공식적으로 시작된 계기가 되었다. 이후에 미혼모 문제가 발생하면서 미혼모로부터 태어난 아이가 많아지고 해외에 입양되는 아동의 수도 많아졌다.

이후 1961년 「고아입양특례법」이 제정되었는데 이는 외국인이 우리나라 고아를 입양하는 절차를 간소하게 하는 데 목적이 있었다. 1976년 12월 「고아입양특례법」은 「입양특례법」으로 바뀌었으며, '고아'라는 용어 대신에 '보호시설에 보호받고 있는 자'로 바꾸어 고아가 아닌 아동도 입양될 수 있도록 하였다. 1976년에 제정된 입양특례법은 국내입양 활성화를 목적으로 민법에 대한 특례로 제정되었다. 1995년에 「입양특례법」은 「입양촉진 및 절차에 관한 특례법」으로 전면 개정, 법명을 변경하였고, 그 후 지속적으로 개정되고 있다. 2012년 8월 이후 개정된 입양특례법은 요보호아동의 입양에 관한 요건 및 절차 등에 대한 특례와 지원에 필요한 사항을 정함으로써 양자가 되는 아동의 권익과 복지를 증진하는 것을 목적으로 한 법이다. 아동 학대를 예방하고, 허위·위장 입양을 막기 위해 여러 제한을 두었는데, 특히 출생신고가 된 아동만을 입양할 수 있도록 했다.

개정법에서의 중요한 사항 중 '입양숙려제'가 있는데 입양숙려제란 입양 동의가 아동의 출생일로부터 일주일이 지난 후에 이루어지도록(입양특례법 제13조 제1항)하는 제도로, 부모가 출산 후 정서적으로 불안정한 상황에서 양육에 대한 충분한 고려 없이 입양에 동의하는 것을 방지하기 위한 것이다.

또 하나는 '입양 전 출생신고 의무화'이다. 입양 대상 아동을 출산한 친생부모는 가족관계 등록 제도에 따라 자신이 출산한 자녀에 대한 출생신고를 한 뒤에야 친권을 포기하고 자녀를 입양 보내는 절차를 진행할 수 있게 되었다. 이전에는 입양기관이 친생부모를 상담한 뒤 친생부모와 임신, 출산에 대한 정보를 기록하고, 입양을 결정하면 일가창립이라는 형태로 별도의 신분(성본 창설)으로 등록한 뒤 입양기관의 장이 보호자가 되어 입양 절차를 진행했지만, 이 제도 이후로는 친생부모가 출산한 아기를 자신의 자녀로 등록한 뒤 입양동의 절차를 진행하게 된 것이다.

2. 입양의 구성요소

입양의 구성요소는 입양아동, 입양부모, 친생부모이다.

1) 입양아동

- 보호자로부터 이탈된 사람으로서 특별시장・광역시장・특별자치시장・도지사 및 특별자치도지사(이하 '시・도지사'라 함) 또는 시장・군수・구청장(자치구의 구청장)이 부양의무자를 확인할 수 없어 「국민기초생활보장법」에 따른 보장시설에 보호 의뢰한 아동
- 부모(부모가 사망이나 그 밖의 사유로 동의할 수 없는 경우에는 다른 직계존속) 또는 후견인이 입양에 동의하여 보장시설 또는 입양기관에 보호 의뢰한 아동
- 법원에 의하여 친권상실의 선고를 받은 사람의 자녀로서 시・도지사 또는 시장・군수・구청장이 보장시설에 보호 의뢰한 아동
- 그 밖에 부양의무자를 알 수 없는 경우로서 시・도지사 또는 시장・군수・구청장이 보장시설에 보호 의뢰한 아동

* 13세 이상의 경우에는 아동 본인의 입양 동의가 있어야 한다.

2) 입양부모

- 25세 이상이며 아동과의 연령 차이가 60세 이내여야 한다.
- 양자를 부양하기에 충분한 재산이 있어야 한다.

- 양자가 될 아동이 복리에 반하는 직업이나 그 밖에 인권 침해의 우려가 있는 직업에 종사하지 아니해야 한다.
- 양자에 대하여 종교의 자유를 인정하고 사회의 구성원으로서 그에 상응하는 양육과 교육을 할 수 있어야 한다.
- 양친이 될 사람이 아동학대, 가정폭력, 성폭력, 마약 등의 범죄나 알코올 등 약물중독의 경력이 없어야 한다.
- 또한 양친이 되려는 사람은 입양의 성립 전에 입양기관 등으로부터 보건복지부령으로 정하는 소정의 교육을 마쳐야 한다.

3) 친부모

- 친부모가 합법적인 혼인관계에 있지만 이혼, 별거, 경제적 문제, 한부모의 사망 등에 따른 가족 해체로 더 이상 자녀를 양육하지 못하고 입양을 의뢰할 수 있다.
- 합법적인 혼인관계가 아닌 친부모가 입양을 의뢰하는 경우가 있다.

3. 입양아동 복지서비스의 내용

1) 입양정보공개청구

입양정보공개청구란, 입양특례법 제36조(입양정보의 공개 등)에 따라 양자가 된 사람이 자신의 입양과 관련된 정보를 관련기관(아동권리보장원 또는 입양기관)에 요청하여 제공받는 제도이다.

입양특례법에 따라 양자가 된 사람은 입양정보공개청구를 신청할 수 있고 미성년(만 19세 미만) 입양인은 양부모 동의하에 정보공개청구가 가능하다.

입양정보공개청구를 통해 제공되는 정보는 크게 입양인의 정보와 친생부모의 정보, 두 가지로 나뉘는데 입양인의 정보는 입양인 본인이 정보공개청구를 통해 제공받을 수 있으며, 친생부모의 정보는 친생부모 동의하에 입양인에게 제공된다.

〈표 13-3〉 공개정보

구 분	내 용	비 고
입양인의 배경정보	입양일, 입양 사유, 입양인의 입양 전 성명, 출생일시, 입양 당시 친생부모의 나이 등 입양배경 정보	입양정보공개청구 시 제공 (기록물상 확인 가능한 정보에 한해 공개 가능)
친생부모 인적정보	입양 당시의 친생부모 성명, 연락처, 생년월일, 주소	친생부모 동의하 공개 가능

2) 사후관리사업

(1) 국내입양인 사후관리사업

입양 후 1년 동안 입양기관의 담당자가 양친과 양자의 상호적응 상태에 관하여 관찰하고 필요한 서비스를 제공한다. 사후서비스 제공 시 입양가정의 의사를 존중하여 입양사실이 공개되지 않기를 원한다면 비밀을 유지하도록 지원한다. 이때에는 아동의 적응상태를 최대한 정확하게 파악하여 서비스 제공하고, 양친이 양자에게 양자가 양친에게 적응 등에 관하여 상담을 요청할 수 있도록 안내한다.

(2) 국외 입양인 사후관리사업

- 모국방문사업
  - 국외 입양인이 한국을 방문하여 모국에 대한 문화와 역사를 이해하고 정체성을 형성하는 데 도움을 주고자 시행
  - 한국의 유적지 및 관광명소 방문, 한국문화 체험학습 현장 및 문화행사 참여, 한국생활 경험 등을 지원
- 모국어연수사업
  - 국외 입양인에게 한국어를 배울 수 있는 기회를 제공하고, 이를 통해 국외 입양인들이 친가족 및 한국의 일반 시민들과 언어장벽을 해소하여 원활한 의사소통을 할 수 있도록 지원
  - 대학의 한국어 교육 프로그램 진행

3) 입양아동 양육수당

입양아동이 만 18세가 될 때까지 지급하는데 장애아동의 경우 장애아동 양육보조금과 동시 지급이 가능하다.

4) 장애아동 양육보조금 및 의료비 지원

입양특례법상 허가받은 입양기관에 의해 장애아동을 국내 입양한 가정으로 장애 정도에 따라 장애아동이 만 18세가 되는 날이 속하는 달까지 정기적으로 지급한다.

5) 입양아동 의료급여

만 18세 미만의 입양아동에게 의료급여 1종을 실시한다(입양가족은 제외). 만 20세 미만의 중·고교 재학생을 포함하며, 생일이 도래하는 날이 속한 이전 달까지 적용되고, 그 전에 중·고교를 졸업하는 경우 졸업하는 날이 속한 달의 이전 달까지 적용된다. 입양 부모는 관할 시·군·구청장에게 입양사실 확인서 및 입양아동 의료급여 적용신청서를 제출하고, 두 가지 지원 방식 중 한 가지를 선택할 수 있다.

6) 입양아동 심리 정서 지원

입양아동 중 주의력결핍 과잉행동장애(ADHD), 정서불안 등으로 인해 상담치료가 필요한 아동에게 검사비 및 심리 정서 치료비를 지원한다.

7) 국외 입양인을 위한 지원

- 행사/컨퍼런스 지원
  - 세미나, 심포지엄, 워크숍 등 각종 행사를 지원하여 입양인 간의 교

류 확대를 통해 타 문화 간 관계를 강화할 수 있도록 지원

– 세계입양인협회(IKAA) Gathering 행사 매년 개최(3년 주기 한국에서 개최)

• 입양인게스트하우스 지원

– 한국을 방문하는 국외 입양인들의 체류기간 동안 안전한 주거 공간을 제공함과 더불어 한국의 전통문화 체험을 함께 제공

• 문화예술지원사업

– 현지 국외입양인을 대상으로 한국의 전통문화 체험의 장을 마련하여 정체성 형성에 도움을 주고, 함께 참석하는 국외입양인의 지인들에게 우리 문화의 우수성을 알리는 사업

4. 입양아동 복지서비스의 향후 과제

1) 아동중심의 입양체계 정립 필요 : '입양 전 위탁'을 제도 보완

입양아동이 양부모의 아동학대로 인해 사망하는 사건이 일어나자 입양기관 관리・감독을 비롯한 국가 책임성을 강화하는 방향으로 입양특례법의 개정을 추진하고 있다. 이에 '입양 전 위탁'을 제도화하려고 하고 있는데, 입양 전 위탁은 가정법원에서 입양 허가가 나오기 전에 6개월간 아동을 예비 입양 부모 가정에서 살게 하는 제도다. 지금까지는 이 기간 동안 관행적으로 입양기관이 아이를 맡아 왔다. 민간기관에 아이를 맡기던 것을 이제 국가의 '공적 영역'으로 포함시키는 것이다. 입양 전 위탁은 아이의 입양가정 적응을 돕는 효과가 있다. 또 양부모 입장에서도 입양에 대한 거부감을 줄일 수 있다. 이 때문에 영국, 프랑스 등 이를 도입한 선진국이 적지 않다. 제도가 입양 쇼핑이 되지 않도록 법제화하면서 관리감독을 철저히 하는 노력이 필요할 것이다.

2) 입양문화 개선

여전히 입양에 대한 시선이 긍정적이지 않은 부분이 있어서 인식개선을 위한 홍보를 하고, 국내 입양이 우선이 될 수 있도록 노력해야 할 것이다. 입양에 대한 편견을 줄이기 위해서는 유아기 교육부터 입양에 대한 주제를 다루는 것도 방법이 될 수 있다.

참·고·문·헌

강인언 · 이한우 · 정정란(2009). **최신아동발달**. 학지사.

공계순 · 박현선 · 오승환 · 이상균 · 이현주(2009). **아동복지론**(제3판). 학지사.

교육과학기술부(2006). 특수교육실태 조사서.

______________. http://www.moe.go.kr

국가법령정보센터(2022). http://www.law.go.kr

국제노동기구(ILO). http://www.ilo.org.

김만두 · 김융일 · 박종삼(2001). **사회복지대백과사전**. 나눔의집.

김민정(2007). 2000 청소년문화복지 지표개발과 타당화 연구. 숙명여자대학교 대학원 박사학위 논문.

김민지(2010). 가정위탁제도에 관한 법적 고찰. **가족법연구, 24**(2), 167-210.

김봉화(2010). 가정위탁아동의 자립기술 및 자립기술지원에 관한 연구. **청소년시설환경 : 한국청소년시설환경학회 논문집, 8**(3), 43-58.

김상균 · 최일섭 · 최성재 · 조흥식 · 김혜란(2001). **사회복지개론**. 나남출판사.

김성경 · 김혜영 · 최현미(2009). **아동복지론**. 양서원.

김성희 · 허혜경(1998). **유아발달**. 교육과학사.

김아영 외 공역(1998). **교육심리학**. 학문사.

김영지(2004). 청소년 참여의 동향과 실제. **한국청소년문화연구소 청소년 문화포럼, 10**, 11-36.

김이선 · 마경희 · 선보영 · 최호림 · 이소영(2010). **다문화가족의 해체 문제와 정책과제**. 여성가족부.

김인숙(1999). 빈곤가족해체의 현황과 대안.

______(2000). 아동의 기본 가치와 권리. 아동학대전문상담원과정. 보건복지부질병관리본부.

김태천(1996). 아동권리협약. **국제인권법학회국제인권법, 1**, 175-215.

김호년 외(2012). **아동복지론**. 공동체.

_________(2013). **아동복지론**. 공동체.

김현용 · 윤현숙 · 노혜련 · 김연옥 · 이배근(2001). **현대사회와 아동**. 소화.

김혜선 · 유안진(2010). **인간발달**. 한국방송통신대학교출판부.

김호현(1998). 우리나라의 국내입양 실태. **홀트소식, 가을호**, 6-9.

노병일(1999). **사회보장론**. 대학출판사.

______(2006). **취약 지역의 사회적 배제**. 도서출판 다운샘.

______(2010). **사회보장론**(개정2판). 공동체.

______(2011). **사회복지정책론**. 교육과학사.

______(2013). **아동복지론**. 공동체.

대한민국정부(2011). 제2차 저출산·고령사회 기본계획.

도미향·남연희·이무영·변미희(2010). 아동복지론. 공동체.

도미향·이기숙·강기정·이무영·박경애(2012). 가족정책론. 신정.

두산세계백과사전연구소(2002). 두산동아대백과사전. 두산동아.

류연규·최현수(2003). 우리나라 아동빈곤율 수준과 변화경향 : 1982~2002년 도시근로자 가구를 중심으로. 한국아동복지학, 16, 135-165.

박상호·김경희(1995). 교육학개론. 집문당.

박정원(2007). 초등학생의 국제결혼자녀에 대한 인식. 한국교원대학교 대학원 석사학위논문.

배태순(1998). 국내입양발전을 위한 입양관련 프로그램 개발 및 입양법개정 제안. 한국아동복지학, (7), 7.

______(1998). 현대사회에서의 입양의 이해와 입양의 성공. 경남대학교출판부.

법제처(2011). 모·부자복지법. http://www.moleg.go.kr

______(2011). 영유아보육법. http://www.moleg.go.kr

______(2011). 입양촉진 및 절차에 관한 특례법 전부개정법률 공포안.

______(2013). 아동복지관련법. hppt://www.moleg.go.kr.

보건복지가족부(2011). 2008년 전국아동학대현황보고서.

______________(2011). 2010년 아동청소년 사업안내.

______________(2011). 아동복지시설 및 보호아동현황.

보건복지부(2010). 아동학대사례개입우수사례보고서.

__________(2010). 장애인실태조사.

__________(2012). 아동권리 증진을 위한 아동정책 발전방안 연구.

__________(2022). 2022 장애아동가족지원 사업안내.

__________(2022). 2022 아동보호서비스 업무 매뉴얼.

__________(2022). 2022 아동복지사업안내.

서영숙·황은숙(2004). 한부모가정과 이혼 이해교육. 양서원.

설동훈·이혜경·조성남(2006). 결혼이민자가족 실태조사 및 중장기 지원정책방안 연구. 여성가족부.

송근원·김태성(1995). 사회복지정책. 나남출판사.

수원대학교 교재편집위원회(1998). 교육학개론. 화진사.

신용일(1993). 교육심리학신강. 동문사.

아동권리보장원. https://www.ncrc.or.kr/ncrc/main.do

여성가족부(2012). 다문화가족 지원. http://www.mogef.go.kr/korea/view.

오정수·정익중(2008). 아동복지론. 학지사.

위스타트(2007). 외국의 Start 운동. http://www.westart.or.kr

유계숙·장혜경·전혜정·김윤정·민성혜·박은미·안재희·장보현·한지숙(2007). 가족정책론. 시그마프레스.

유네스코한국위원회. http://www.unesco.or.kr

유니세프(2001). 유니세프 세계아동현황보고서. http://www.unicef.or.kr/cgi-sys/

________. http://www.unicef.org

유니세프한국위원회. http://www.unicef.or.kr

유주희(2023). 한국형인성복지. 동문사.

유주희 외(2021). 사회복지프로그램 개발과 평가. 양서원.

유주희 외(2017). 사회복지정책론. 동문사.

육아정책연구소(2017). 아동권리 보장을 위한 법적 기반 확보 방안.

윤매자(2010). 영유아권리존중 보육에 관한 자율장학의 효과와 의미. 숙명여자대학교 대학원 박사학위논문.

윤매자 · 신혜경 · 주정현(2012). 아동복지론. 양서원.

윤정일 · 신득렬 · 이성호 · 이용남 · 허 형(1995). 교육의 이해. 학지사.

윤혜미(2003). 우리나라 아동학대예방센터 활동분석과 아동보호서비스 개선을 위한 논의. 한국아동복지학, 15.

윤혜미 · 김혜래 · 신영화(2005). 아동복지론. 총목출판사.

이갑순(1998). 건강교육. 현문사.

이광희(2007). 교육학개론. 남두도서.

이두호 외(1991). 빈곤론. 나남출판사.

이소희(2005). 아동보육론. 대왕사.

______(2005). 아동복지론. 학현사.

이용교(2000). 아동복지법－20년 만에 전면 개정되다. 복지동향, 1월, 45-47.

이재연 · 박은미 · 황옥경 · 김형모 · 이은주 · 강현아(2008). 아동복지론. 학지사.

이한우 · 정정란(2012). 아동복지론. 양서원.

임시아(2011). 아동복지론. 공동체.

______(2013). 아동복지론. 공동체.

장인협(1989). 사회복지실천방법론. 서울대학교출판부.

장인협 · 오정수(2000). 아동 · 청소년복지론(제2개정판). 서울대학교출판부.

_____________(2001). 아동 · 청소년복지론. 서울대학교출판부.

_____________(2003). 아동 · 청소년복지론. 서울대학교출판부.

장휘숙(1995). 아동발달. 학지사.

전재숙(2004). Neill의 아동교육사상. 아동교육, 13(1), 313-329.

정영숙(2003). 발달장애아동과 가족복지의 실제. 현학사.

조경원 · 이기숙 · 오욱환 · 이귀윤 · 오은경(1990). 교육학의 이해. 이화여자대학교출판부.

주수길 · 주명국(2012). 아동복지강론. 양서원.

주정일 · 이소희(1985). 아동복지학. 교문사.

_____________(2003). 아동복지실천론. 교문사.

중앙가정위탁지원센터(2010). 가정위탁현황. http://www.fostercare.or.kr

중앙건강지원센터(2007). 결혼이민자가족 아동양육지원사업 결과보고서.

중앙보육정보센터. http://www.educare.or.kr

통일부. http://www.unikorea.go.kr

표갑수(2000). **아동청소년복지론**. 나남출판사.

한국교원대학교 교육과학 연구소 편저(1993). **교육학**. 양서원.

한국법제연구원(2013). UN아동권리협약 및 선택의정서에 따른 아동권리보호의 국제적 동향.

한국수양부모협회. http://www.ngopower.net

한국입양홍보회. http://www.mpak.co.kr

한국청소년연구원(2009). 보도자료.

허남순(2004). 친인척 가정위탁과 일반가정 위탁아동의 심리사회적 특성 및 위탁가정의 서비스 욕구에 대한 비교연구. **한국아동복지학**, 18, 243-270.

현경순(2007). 국제결혼부부의 부부갈등 및 양육태도가 자녀들의 학교생활 부적응에 미치는 영향. 성균관대학교 대학원 석사학위논문.

홀트아동복지회. http://www.holt.or.kr

홍순정 · 김희태(2010). **유아사회교육**. 공동체.

황성기(1994). 아동인권에 관한 연구. 서울대학교 대학원 석사학위논문.

황용규(1999). 복지시설 입소아동의 권리와 구조적 발전방향. **한국아동복지학**, 8, 236-249.

Allen-Mearesm P.(2004). *Social Work Services in School*(4th ed.). Englewood Cliffs, NJ : Prentice-Hall.

Andersen, M. L.(2000). *Thinking about Women : Sociological Perspectives on Sex and Gender*(5th ed.). Needam Heights, MA : Allyn and Bacon.

Andrews, A. B., & A. Ben-Arieh(1999). Measuring and Monitoring Children's Well-being across the World. *Social Work*, *44*(2), 105-114.

Barker, Rovert L.(2003). *Social Work Dictionary*(5th ed.). Washington, DC : NASW Press.

Baron, J.(1985). *Rationality and intelligence*. NY : Cambridge University Press.

Barth, Richard P.(2011). Adoption. In *Encyclopedia of Social Work*(Vol. 1)(20th ed.). Washington DC and New York : NASW Press and Oxford University Press.

Berger, K. S.(2003). *Developing person Through Childhood and Adolescense*. NY : Worth Publishers.

Berridge, D.(2001). *Foster Families*. In P. Foley, J. Roche & S. Tucker(Eds.), *Children in Society : Contemporary Theory, Policy and Practice*. London : Open University Press.

Brophy, J. E.(1988). On motivating students. In D. Berliner & B. Rosenshine(Eds.), *Talks to teachers*(pp. 201-245). NY : Random House.

Brown, Venessa Ann(2002). *Child Welfare : Case Studies*. Boston, MA : Allyn and Bacon.

Bryson, L.(1992). *Welfare and the State : Who Benefits?*. London : MacMillan.

Children's Defense Fund(2000). *Fact Sheet*. Increase Investments in After-School Care. www.childrensdefense.org/childcare/cc_school_basics.html

Cohen, Miriam & Michael Hanagan(1994). Welfare Capitalism and Heavy Industry : Birmingham, Pittsburgh and Saint-Etienne, 1900-1930. *Research in Social Policy*, *3*, 33-56.

Cohen, Neil A.(2000). Child Welfare : A Generalist Perspective. In Neil A. Cohen(Ed.), *Child Welfare : A Multicultural Focus*. Needham Heights, MA : Allyn and Bacon.

Costin, L. B., & C. A. Rapp(1984). *Child Welfare : Policies and Practice*(3rd ed.). New York : McGraw Hill.

Daniel, P., & Ivatts, J.(1998). *Children and Social Policy*. London : Macmillan.

Deci, E., & Ryan, R. M.(1985). *Intrinsic motivation and self-determination in human behavior*. N Y : Plenum.

Deci, F., Vallerand, R. J., Pelletier, L. G., & Ryan, R. M.(1991). Motivation and education : the self-determination perspective. *Educational Psychologist*, *26*, 325-346.

Department of Health(2000). *Framework for the Assessment of Children in Need and their Families : Practice and Guidance*. London, UK : Department of Health.

Department of Social Security(2000). *The changing Welfare State : Social Security Spending*. London : HMSO.

Derry, S. J.(1992). Beyond symbolic processing : Expanding horizons for educational psychology. *Journal of Educational Psychology*, *84*, 413-419.

DiNitto, Daina M.(2007). *Social Welfare : Politics and Public Policy*(6th ed.). Boston, MA : Pearson.

Duncan, G. J., & Brooks-Gunn, J.(2000). Family Poverty, Welfare Reform, and Child Development. *Child Development*, *71*(1), 188-197.

Elwan, A.(1999). *Poverty and Disability : A Survey of the Literature*. Geneva : World Bank.

Encyclopedia Britannica(2007). Child Welfare. http://www.britannica.com

Everett, Joyce E.(2011). *Foster Care*. In Volume 2 of Encyclopedia of Social Work(20th ed.). Washington DC and New York : NASW Press and Oxford University Press.

Friedlander, W. A., & Apte. R.(1980). *Introduction to Social Welfare*. Englewood Cliffs : Prentice-Hall.

Harding, L.(1991). *Perspectives in Child Care Policy*. New York : Longman.

Hernshaw, L. S.(1987). *The Shaping of Modern Psychology : A Historical Introduction from Dawn to Present Day*. London : Routledge.

Horwath, J.(2001). *The Child's World. Department of Health*. London, UK : JKP.

Horowitz, Mardi J.(1987). *States of Mind : Configurational Analysis of Individual Psychology* (Critical Issues in Psychiatry). Springer.

Jack, Gordon(2001). An Ecological Perspective on Child Abuse. In P. Foley, J. Roche & S. Tucker(Eds.), *Children in Society : Contemporary Theory, Policy and Practice*. Hampshire, UK : Palgrave.

Kadushin, A.(1974). *Child Welfare Services*. New York : Macmillan.

Kadushin, A., & Martin, J. A.(1988). *Child welfare services*(4th ed.). NY : Macmillan Publishing Co.

Kennedy, M.(1995). Rights for Children Who Are Disabled. In B. Franklin(Eds.), *The Handbook of Children's Rights*. London : Routledge.

Leathers, S. J.(2000). Behavioral Disturbance Among Foster Children : The Role of Detachment From Caregivers and Community Institutions. The University of Chicago. Doctoral Dissertation.

Lein, Laura(2011). Child Care Services. In *Encyclopedia of Social Work*(Vol. 1)(20th ed.). Washington DC and New York : NASW Press and Oxford University Press.

Locke, E. A., & Latham, G. P.(1990). *A theory of goal setting and task performance*. Englewood Cliffs, NJ : Prentice-Hall.

Loeler, R.(1990). Development and risk factors of juvenile antisocial behavior and delinquency. *Clinical Psychology Review*, *10*, 1-41.

Logan, Sadye L. M.(2011). Family. *Encyclopedia of Social Work*(Vol. 2)(20th ed.). Washington DC and New York : NASW Press and Oxford University Press.

Marchant, R.(2001). Working with Disabled Children. In P. Foley, J. Roche & S. Tucker(Eds.), *Children in Society : Contemporary Theory, Policy and Practice*. London : Open University Press.

Maslow, A. H.(1970). *Motivation and personality*(2nd ed.). NY : Harper and Row.

McLoyd, V. C., & Wilson, L.(1992). The strain of living poor : Parenting, social support, and child mental health. In Huston, A. C.(Ed.), *Child in Poverty : Child Development and Public Policy*(pp. 105-134). Cambridge, UK : Cambridge University Press.

Miller, G. A., Galanter, B., & Pribram, K. H.(1960). *Plans and the structure of behavior*. NY : Holt, Rinehart & Winston.

Ortony, A., Clore., & Collins, A.(1988). *The Cognitive structure of emotions*. Cambridge : Cambridge University Press.

Roberts, M.(2001). Childcare Policy. In P. Foley, J. Roche & S. Tucker(Eds.), *Children in Society : Contemporary Theory, Policy and Practice*. Hampshire, UK : Palgrave.

Rogers, C. R., & Freiberg, H. J.(1994). *Freedom to learn*(3rd ed.). Columbus, OH : Charles E. Merrill.

Shunk, D. H.(1991). *Learning theories : An Educational Perspective*. NY : Merrill.

Steipek, D. J.(1993). *Motivation to learn*(2nd ed.). Boston : Allyn and Bacon.

Tatara, T.(1993). *Characteristics of children in institute and adoptive care : A Statistical summary of the VICS National Child Welfare Data Base*. Washington DC : Child Wekfare League of America.

UN(1989). UN 아동권리에 관한 협약.

UNICEF(1999). *The Convention on the Rights of the Child*. New York : UNICEF.

_______(2005). Press Release. http://www.unicef.org/sowc06/press/release.php.

_______(2006). *Child Protection Information Sheets*. New York : UNICEF.

_______(2006). *The State of the World's Children 2007 : Executive Summary*. New York : UNICEF.

_______(2007). What Are Children's Rights?. http://www.unicef.org/videoaudio.

Vroom, V.(1964). *Work and motivation*. NY : Wiley.

We Start 운동본부. http://westart.joins.com

Weiner, B.(1992). *Human motivation : Metaphors, theories, and research*. Newbury Park, CA : Sage.

Welbourne, Penelope(2002). Culture, Children's Rights and Child Protection. *Child Abuse Review, 11*, 345-358.

Wilds E. H.(1956). *The foundation of modern education*. New York : Rinhart & Co.

Zukerman, E.(1983). *Child Welfare*. New York : The Free Press.

찾아보기

인 명

내 용

저/자/약/력

■ 박희숙
광운대학교 사회복지학 석사
중앙신학대학교 대학원 박사과정
현 명지대학교 복지상담경영학과 특임교수

■ 유주희
광운대학교 사회복지학 석사
세종대학교 행정학 박사
현 경복대학교 복지행정학과, 사회복지상담과 교수

■ 박은주
대구대학교 유아교육학 박사
현 계명문화대학교 유아교육과 교수

아동복지론

|공저자| 박희숙 · 유주희 · 박은주

|1판 1쇄 발행| 2024년 2월 20일
|1판 2쇄 발행| 2025년 3월 10일

|발행인| 김 동 훈
|발행처| 공 동 체

|주소| 경기도 고양시 일산동구 호수로 358-39
동문타워 I 905호(백석동)
|전화| 031) 814-3100(대표)
|팩스| 031) 814-3100
|홈페이지| http://www.compub.co.kr
전자우편| compub@naver.com
|출판등록| 2005년 10월 6일
|등록번호| 제396-2005-36호

|ISBN| 979-11-6725-561-7
정가 18,000원